O MAPA DO MILHÃO

JOÃO ADOLFO DE SOUZA

O MAPA DO MILHÃO

OS SEGREDOS DO PROTAGONISMO MILIONÁRIO

:ns

São Paulo, 2024

EDITOR: Luiz Vasconcelos
REVISÃO: Letícia Teófilo
DIAGRAMAÇÃO: Proton Editorial Ltda.
FOTO: Jonatan Diego
CAPA: Alan Budke
COMPOSIÇÃO DE CAPA: Raul Ferreira

Texto de acordo com as normas do Novo Acordo Ortográfico da Língua Portuguesa (1990), em vigor desde 1º de janeiro de 2009.

Dados Internacionais de Catalogação na Publicação (CIP)
Angélica Ilacqua CRB-8/7057

Souza, João Adolfo de
O mapa do milhão : os segredos do protagonismo milionário / João Adolfo de Souza. – Barueri, SP : Novo Século Editora, 2024.
160 p.

ISBN 978-65-5561-899-0

1. Desenvolvimento pessoal 2. Sucesso 3. Finanças pessoais 4. Investimentos I. Título

24-4502 CDD 158.1

Índices para catálogo sistemático:
1. Desenvolvimento pessoal

uma marca do Grupo Novo Século

GRUPO NOVO SÉCULO
Alameda Araguaia, 2190 – Bloco A – 11º andar – Conjunto 1111
CEP 06455-000 – Alphaville Industrial, Barueri – SP – Brasil
Tel.: (11) 3699-7107 | E-mail: atendimento@gruponovoseculo.com.br
www.gruponovoseculo.com.br

DEDICATÓRIA

Aos tesouros da minha vida, dedico este livro.

À minha amada esposa, Micheli, cujo amor e companheirismo são a base de tudo que construí. Aos meus filhos, Bryan (*in memorian*), Ryan e Raiany, que me ensinam diariamente o verdadeiro valor da vida e a força do legado. Aos meus pais, Viko e Odette, e à minha irmã, Tatiane, que foram faróis em meio às tempestades, guiando-me com sua presença constante nos momentos mais desafiadores.

Este livro é também dedicado a você, leitor, e a todos os mentoreados que, neste momento, podem estar enfrentando períodos de incertezas e dúvidas. Que esta obra seja mais do que uma simples história – que ela seja um verdadeiro mapa para um tesouro que ultrapassará gerações. Um tesouro que começa na mente e na visão. Ao ajustar esses elementos, você descobrirá um rumo certeiro à riqueza e ao sucesso baseado muito além da fé inabalável e uma determinação feroz que transforma sonhos em realidade.

Que este livro seja o início do seu Protagonismo, pelo qual as circunstâncias se dobram diante da sua coragem e da sua ação.

PREFÁCIO

Em 2020, iniciávamos uma turma do treinamento Escola do Sucesso na pequena cidade de Ibirubá, no norte do Rio Grande do Sul. Entre as pessoas que participavam, estava aquele que se tornaria a maior referência no YouTube no Brasil. Horas depois da primeira aula, Ana, que trabalhava comigo na parte comercial, veio me dizer que havia um aluno que gostaria muito de participar do treinamento, mas não tinha dinheiro para investir naquela oportunidade. Ele não tinha limite no cartão de crédito, e tudo que tinha era um talão de cheques e um sonho. A parcela de 300 reais não cabia no seu orçamento naquele momento, e ele precisaria parcelar em 15 vezes para poder participar. No entanto, seu desejo de ingressar no projeto era enorme. Acredito que Deus colocou no meu coração a decisão de aceitar essa condição – algo que nunca havia feito antes – e dar a oportunidade para que aquela pessoa, de forma humilde e verdadeira, mas com uma autoconfiança inabalável e um propósito muito forte, pudesse participar. Assim, iniciamos essa jornada. Esse aluno era o primeiro a chegar e o último a sair. Dava valor a cada momento dentro do treinamento, sempre com perguntas extremamente inteligentes, pertinentes e diferenciadas, elevando o nível de entrega da turma. Módulo após módulo, ele crescia mentalmente e emocionalmente, resgatando muitas das fragilidades que percebia em si mesmo. Dessa forma, foi construindo uma força emocional inabalável, capaz de romper qualquer barreira em busca dos seus maiores sonhos. Como fruto de todo o seu foco, determinação, dedicação e comprometimento, os resultados começaram a surgir. Ele foi prosperando, e em novos treinamentos nos reencontramos. Aquela relação profissional tornou-se uma grande amizade, e hoje tenho orgulho em dizer que ele é meu mentor nos projetos no YouTube, assim como mentor de grandes players do Brasil. Anos depois, essa pessoa se tornou uma referência e um gigante em seu segmento. Um grande profissional e um homem de valor e de princípios, que honra a família e a Deus, e que, com certeza, ajudará multidões com seu trabalho. Por trás de grandes projetos, existem grandes pessoas, capazes de transformar esses projetos em realidade. E o nome dessa pessoa é João Adolfo de Souza. Gravem esse nome, pois grandes coisas estão por vir por meio de sua vida. A parábola do semeador fala sobre um agricultor que espalha sementes em diferentes tipos de solo: à beira do caminho, em terreno rochoso, entre espinhos e em terra fértil. Apenas as sementes que caem na terra fértil crescem e dão frutos, enquanto as outras são sufocadas ou não conseguem se enraizar. Assim como o trabalho do João nos mostra o solo fértil, e que semear hoje, com sabedoria e cuidado, é essencial para colher os frutos desejados no futuro. É preciso paciência, persistência e a escolha de terrenos férteis para que as sementes do trabalho, do aprendizado e da dedicação gerem uma colheita abundante na vida. João, parabéns pela pessoa que você se tornou. Desejo-lhe muito sucesso em sua trajetória e que Deus guie seus passos, trazendo-lhe ainda mais sabedoria. Tenho plena convicção de que esta obra é o início de uma grande jornada de aprendizado e transformação para todos os leitores.

FELIPE BORBA

“ALCANÇAR O SUCESSO DÁ TRABALHO, MAS TAMBÉM DÁ TRABALHO PERMANECER NA POBREZA, QUAL VOCÊ PREFERE?”

JOÃO ADOLFO

SUMÁRIO

INTRODUÇÃO

Imagine ter em suas mãos um baú de tesouros. Este livro é exatamente isso! Ao abrir suas páginas, você descobrirá os segredos da minha jornada rumo ao extraordinário. Não estamos falando apenas de histórias comuns, mas de uma trajetória que transformou não só a minha vida, porém a de milhares de pessoas, por meio de uma mentalidade focada no crescimento, protagonismo, e na criação de uma audiência fiel.

Nesta obra, revelo os desafios superados, as estratégias utilizadas e os princípios inabaláveis que me guiaram para o sucesso financeiro e pessoal.

Cada capítulo está repleto de insights práticos e inspiradores, desenhados para capacitar você a tomar as rédeas do seu destino e alcançar resultados que você jamais imaginou.

Caro leitor(a), ser protagonista da sua própria história é uma escolha. Para escrever uma história de sucesso, é preciso decidir viver de maneira diferente. Tudo começa com uma decisão: deixar de seguir a manada, sair do comum, abandonar o papel de espectador e fazer diferente. Porque o que diferencia os que alcançam o sucesso daqueles que ficam pelo caminho é a capacidade de pensar, agir e persistir de forma única.

A mudança começa na mente! Altere seus pensamentos para transformar seus hábitos. Quando você pensa em coisas boas, suas palavras e atitudes se alinham, e isso te eleva ao caminho certo. Essa mudança de atitude e comportamento vai se tornar um padrão em sua vida, te conduzindo ao sucesso que você busca.

Por meio das minhas experiências verídicas, compartilharei conselhos práticos para que você alcance uma performance extraordinária que vai muito além do YouTube. Mais do que isso, vou te ensinar a construir um padrão comportamental que te levará ao seu primeiro milhão. Mas lembre-se: o conhecimento, por si só, não muda realidades. É a prática constante que transforma sonhos em conquistas.

Pense nisso! E vamos juntos embarcar na jornada que vai mudar sua vida para sempre!

CAPÍTULO 1

SEJA O PROTAGONISTA DA SUA VIDA

Ser protagonista da sua vida não é apenas uma escolha – é uma necessidade para aqueles que se recusam a viver uma existência medíocre. Mas o que realmente significa ser o protagonista da sua própria história? Ser protagonista não é apenas sobre fazer escolhas, mas sobre deixar de ser um espectador da sua própria vida. Muitas vezes, vivemos como se estivéssemos assistindo ao desenrolar dos acontecimentos, esperando que algo ou alguém venha nos resgatar ou nos mostrar o caminho. O verdadeiro protagonismo começa quando você decide sair dessa posição passiva e assumir o controle das rédeas. Ser protagonista é aceitar a responsabilidade pelas suas escolhas e reconhecer que, embora não possamos controlar tudo o que acontece ao nosso redor, podemos sempre escolher como reagir. O protagonismo não é um destino – é uma jornada de autoconhecimento, coragem e ação. Deixar de ser espectador significa parar de esperar que as circunstâncias mudem e, em vez disso, ser o agente da transformação. O verdadeiro protagonismo não está apenas em decidir onde sua história termina, mas em quem você se torna ao longo do caminho."

Não se trata apenas de assumir a responsabilidade pela sua vida, mas de quebrar as correntes invisíveis da escassez e das crenças limitantes que foram passadas de geração em geração.

Eu precisei encarar essa decisão. Lembro-me claramente do momento em que olhei para minha esposa e para mim mesmo, e percebi que estávamos aprisionados em uma mentalidade de escassez. Queria mais, queria viajar, queria proporcionar uma vida melhor para minha família, mas o dinheiro parecia nunca ser suficiente. Foi nesse instante que a indignação se tornou o catalisador para a mudança.

Escrevi em um velho caderno a frase: "Meus pensamentos são meu alimento!". Todos os dias, ao acordar, eu lia aquelas palavras, desejando que elas se tornassem parte de mim. Eu sabia que, se não mudasse minha maneira de pensar, nada em minha vida mudaria. A transformação da minha realidade não aconteceu apenas com a mudança de pensamentos, mas com a mudança da forma como eu reagia aos desafios. Ao substituir o medo pelo desejo de superação, aprendi que a vitória começa antes mesmo de qualquer ação, no silêncio da nossa mente. Meus pensamentos deixaram de ser apenas sobre resultados, e passaram a se focar em como enfrentar cada dificuldade. A cada erro, eu enxergava uma oportunidade de aprendizado, e a persistência deixou de ser uma palavra vaga, tornando-se uma prática diária de aperfeiçoamento. E você? Quando foi a última vez que transformou uma derrota em uma lição?"

Medo, rejeição, vitimismo... ou talvez persistência, resiliência, autoconfiança? O que escolhemos pensar influencia diretamente o rumo de nossas vidas. Foi essa compreensão que me impulsionou a explorar novos caminhos, a pensar fora da caixa e a buscar maneiras de romper com o *status quo*.

Sempre tive talento para vendas correndo em minhas veias, mas sabia que apenas isso não seria suficiente. Precisava encontrar uma forma de me destacar no mercado. Foi quando percebi o poder da comunicação e dos meios de comunicação. Muito antes do boom da internet, participei de um pequeno programa de rádio em minha cidade. Ali, percebi que o público da terceira idade, principalmente aposentados e pensionistas – meu público-alvo na época – estava cativado por um senhor que tocava gaita. Ele não era apenas um músico; era um comunicador carismático que conectava seu público por meio de histórias e emoções.

Eu podia não saber tocar gaita, mas sabia me comunicar. Aproveitei essa oportunidade e comecei a falar diretamente com esse público em programas de rádio. O resultado? Minha empresa começou a atrair pessoas de várias cidades vizinhas, formando filas de clientes que queriam falar comigo. Foi aí que compreendi uma verdade simples, mas poderosa: "O mais conhecido vence o melhor".

Com o sucesso crescente, precisei contratar mais pessoas para dar conta da demanda. A partir desse ponto, minha vida começou a mudar de forma significativa. Não se tratava apenas de ganhar mais dinheiro, porém de criar um legado, algo que pudesse transformar a vida de outras pessoas.

Nos próximos capítulos, vou compartilhar com você, leitor, como uma pessoa comum, nascida no interior, foi capaz de quebrar paradigmas e construir o patrimônio que tanto sonhava. No entanto, mais importante do que isso, é o legado que desejo deixar com esta obra. Espero que, ao ler estas páginas, você também se sinta inspirado a ser o protagonista da sua história e a construir uma vida de sucesso e realização.

CAPÍTULO 2

SUA GEOGRAFIA NÃO DEFINE QUEM VOCÊ VAI SE TORNAR

Querido leitor, você já parou para pensar em como as circunstâncias em que nascemos podem influenciar nossos destinos? Para muitos, o lugar onde vivem, as condições de sua infância ou até mesmo a falta de recursos podem parecer barreiras intransponíveis. Mas deixe-me lhe contar algo que aprendi em minha jornada: o lugar de onde você veio não define quem você vai se tornar. O que realmente importa é o propósito que você encontra ao longo do caminho e como você decide perseguir esse propósito com todas as suas forças.

Eu, João Adolfo de Souza, nasci em 15 de setembro de 1984, em Ibirubá, uma pequena cidade no interior do Rio Grande do Sul, onde ainda resido. À primeira vista, alguém poderia pensar que vindo de um lugar tão pequeno, minhas oportunidades seriam limitadas. Mas foi justamente nesse cenário, com fé e determinação, que comecei a traçar um propósito de vida que me trouxe até aqui – como empresário, mentor e influencer digital. Não foi a geografia que moldou meu destino, mas sim a visão que decidi seguir.

Agora, a grande questão que quero compartilhar com você é: qual é o seu propósito? Será que você já o encontrou? Ou será que ele está escondido, esperando que você o descubra em meio aos desafios e oportunidades que a vida oferece?"

Quebrei barreiras e consegui formar minha trajetória, ultrapassando padrões e limitações que se apresentavam no meu caminho.

É importante entender que geografia – o lugar onde você nasce, a cidade em que vive, ou o ambiente físico em que cresce – não determina quem você será no futuro. Eu nasci em uma cidade pequena, onde as oportunidades pareciam limitadas, e o ambiente era marcado por tradições rígidas e uma cultura que muitas vezes parecia sufocante. Essa é a geografia. No entanto, é a sua ambiência – ou seja, a forma como você lida com essas circunstâncias, como molda sua mentalidade e transforma dificuldades em ações concretas – o que realmente define quem você se tornará.

Muitas vezes, tive que fechar os olhos para a realidade que vivia, insistindo em acreditar em um sonho que para muitos era impossível. A cidade em que cresci foi colonizada por alemães, marcada por tradições e por uma cultura considerada fria, dura e preconceituosa. Esses ainda são traços culturais muito fortes no município, mas, por outro lado, muito produtivos, pois o povo é conhecido por ser gente que trabalha duro. Essa raiz alemã deixou uma herança muito forte ao povo de Ibirubá. Fez das pessoas um povo inflexível, de convivência um tanto quanto desafiadora em muitos casos.

Apesar desse histórico cultural, posso dizer que eu fui criado por uma família que me deu muito amor. Recebi muito cuidado, muito carinho tanto pelo meu pai quanto pela minha mãe. Houve, sim, situações sombrias na nossa história familiar. Um período bem turbulento e que me rendeu algumas lembranças não tão boas da minha primeira infância. Nessa época eu tinha aproximadamente 4 anos. Meu pai tinha dificuldades com a bebida, e isso trouxe muitos problemas relacionais com a minha mãe.

Quando ele exagerava nas doses, voltava para casa bem violento. Ainda tenho algumas lembranças na memória de sentir algo muito errado, pois nunca vi meu pai agredindo minha mãe, apenas empurrões e gritos. Esse não é o tipo de lembrança que uma criança deve ter, mas essa foi a minha história. Contudo, ela não termina aí. Meu pai, apesar de tudo, conseguiu dar a volta por cima. Anos depois, ele venceu o alcoolismo e, com o apoio de nossa família, tornou-se um grande exemplo de superação para mim e minha irmã. Sua recuperação me mostrou que uma decisão firme e o apoio certo podem transformar vidas. Hoje, ele é um homem vitorioso que ajuda outras pessoas a superarem desafios semelhantes.

Mesmo com essas dificuldades, eu fui uma criança que se relacionava bem com os outros e adorava competir. Estava sempre brincando e jogando bola com os amigos, e aos 5 anos eu cheguei até a participar de uma prova de corrida. Lembro-me de que era um percurso longo, uma prova difícil para uma criança. Ainda assim, consegui completar o percurso e, ao cruzar a linha de chegada, recebi uma medalha. A sensação daquela medalha gelada encostando no meu peito quente, suado do esforço, foi indescritível. Aquele contato físico simbolizava a vitória, o merecimento, e o resultado de um esforço que, até então, eu não sabia que possuía dentro de mim. Creio que aquela medalha destravou algo importante dentro de mim. Foi uma virada de chave para que eu me tornasse uma pessoa obcecada em perseguir e atingir meus objetivos, além de ter acendido uma chama competitiva em mim.

Lembro-me também de que, estando com meus amigos de infância, eu não aceitava perder nos jogos e brincadeiras! Eu me tornei uma criança competitiva e sou competitivo até hoje! Uma premissa muito importante que eu tenho comigo é: "tudo pode ser realizado, desde que se tenha esforço consistente e intencional". Creio que, nesse sentido, meu espírito competitivo me eleva. Uma característica muito forte que eu tenho é que eu faço de tudo o que é preciso para vencer!

Da minha família saem as minhas principais referências: meu pai, minha mãe e minha irmã. Depois de memórias difíceis, meu pai me marcou positivamente, por ter dado sua volta por cima! Alguns anos à frente, meu pai virou esse jogo e, por isso, se tornou para mim e minha irmã uma grande referência de superação. Me orgulho em dizer que ele venceu o problema que o tragava, e hoje é um vitorioso!

Cada momento desafiador nos fez sermos mais compassivos e fortes para enfrentar situações adversas. Nossa família o apoiou nesse processo! Hoje, meu pai é um exemplo! Pois decidiu ser livre e cuidar de sua família. Uma decisão dele mudou tudo! Com o alcoolismo superado, ele se tornou alguém que ajudou e ainda ajuda muita gente aqui na nossa cidade.

Minha mãe foi uma mulher forte porque ela resistiu com bravura, apesar de ser a pessoa mais penalizada com o histórico de bebida do meu pai. Ainda assim, ela segurou firme e não desistiu da nossa família. Ela não pretendia separar-se do meu pai, pois pensava em seus filhos e em como isso nos impactaria caso se separassem.

A primogênita da casa tornou-se também para mim uma referência. Quando meu pai teve suas dificuldades financeiras, minha irmã segurou firme as pontas. Aos seus 14 anos, ainda em sua adolescência, ela assumiu um papel fundamental, empreendendo e, com isso, ajudando ativamente nas contas da casa. Esse período a transformou em uma grande guerreira! Cada integrante da minha família, cada qual por um motivo em específico, representava um grande exemplo para mim. Aqui entra você na história para refletir sobre o que viveu e os exemplos que segue até hoje. Se não forem os melhores, ressignifique isso, busque novas fontes de conhecimento como essa obra aqui e pessoas que vão te guiar nesse novo caminho.

NEM O FOGO CONSEGUE QUEIMAR

Comece entendendo isso: 10% é o que acontece com você e 90% é como você reage a isso. Uma lembrança que tenho viva na memória, até hoje, aconteceu quando eu tinha cerca de 13 anos. Era uma noite quente de verão, quando a polícia bateu à porta. Não era uma batida comum, como a de um vizinho ou amigo que está apenas sinalizando e pedindo permissão para entrar. Eram batidas fortes, desesperadas, como se alguém estivesse tentando arrombar a porta. Ao mesmo tempo, a campainha tocava incessantemente, em um ritmo frenético. Do canto do olho, pelo reflexo da janela, vi as luzes piscantes do carro de polícia.

Eu era apenas um garoto, tomado pelo receio e pela incerteza. Fiquei imóvel, sem saber o que fazer. Não tive coragem de abrir a porta. Meu pai, que deu um pulo da cama, correu até a porta para atender aos policiais. Nossa porta tinha seis trancas, e cada uma delas parecia uma barreira entre nós e o que quer que estivesse do lado de fora. Meu pai abriu ansiosamente, sabendo que um problema sério o aguardava do outro lado.

Quando finalmente a porta se abriu, as luzes da sirene invadiram a casa, e a voz do policial ressoou com urgência: "Viko, corre porque a sua loja está pegando fogo e a situação está bem grave!". Naquele momento, o tempo pareceu parar. O desespero tomou conta de nós. Eu e meu pai vestimos rapidamente o que estava à mão e corremos em direção à loja, enquanto minha mãe e irmã ficaram em casa, sem saber o que encontraríamos pela frente.

Ao chegar ao local do desastre, a cena era devastadora. A loja, que era o centro da nossa vida, estava completamente em chamas. Chegamos no momento exato em que o teto desabou, alimentando ainda mais as labaredas que consumiam tudo. Aquela imagem ficou gravada na minha mente: o fogo devorando não apenas bens materiais, mas também nossos sonhos, nosso sustento, nosso futuro.

A causa do incêndio, até hoje, permanece desconhecida, mas o impacto foi claro e imediato.

Enquanto eu observava as chamas consumindo cada pedaço do que construímos, me senti tomado por uma sensação de desamparo que nunca havia experimentado antes. O que fazer agora? Como recomeçar depois de uma perda tão grande? As dúvidas eram muitas, mas algo dentro de mim se recusava a aceitar que aquele momento de destruição definiria nosso futuro.

No meio daquele caos, percebi um movimento ao lado da loja, onde o fogo ainda não tinha alcançado. Com a esperança de salvar ao menos alguns itens, corri até lá. Para minha surpresa, já havia pessoas no local, mas não estavam nos ajudando a salvar o que restava. Estavam roubando! A cena me deixou perplexo. Como alguém podia se aproveitar da nossa vulnerabilidade naquele momento tão difícil?

Aquele episódio me trouxe uma lição que moldou profundamente meu caráter: "Não importa a situação de vulnerabilidade que alguém esteja passando, não há justificativa para usar dessa vulnerabilidade para se favorecer". A partir daquele dia, a palavra "roubar" passou a ser algo que nunca faria parte do meu vocabulário, nem no vocabulário da minha família. Percebi que, mesmo nas piores situações, devemos agir com integridade e ajudar, em vez de tirar proveito.

Os dias que se seguiram foram extremamente difíceis. A devastação do incêndio não se limitou à perda dos bens materiais. Sentimos o impacto em todos os aspectos de nossa vida. Faltou luz, faltou água, e por um momento, tudo o que tínhamos construído parecia estar em ruínas. A única coisa que não nos faltou foi o que comer, porque Deus, em sua bondade, não permitiu que passássemos fome. Mas a incerteza sobre o futuro era esmagadora. A cada amanhecer, as perguntas se repetiam: "E agora? O que faremos para nos manter? Como nos reergueremos?".

Apesar da escuridão daqueles dias, uma chama interior se acendeu em mim. Percebi que, embora o fogo tivesse destruído nossa loja, ele não conseguiu destruir nossa capacidade de lutar, nossa determinação de seguir em frente. Talvez, caro leitor, você também esteja passando por um momento de incerteza, em que tudo parece desmoronar ao seu redor. Mas quero lhe dizer que uma fase não determina quem você é. Não deixe que as adversidades apaguem a chama que te impulsiona a desbravar e conquistar. Grandes coisas, aquelas que parecem impossíveis, só são inatingíveis para quem desiste de acreditar.

A verdadeira força não está na ausência de desafios, mas na capacidade de se levantar e continuar, mesmo quando tudo parece perdido. O incêndio queimou nossas posses, mas não destruiu nossa fé, nossa esperança e nossa vontade de reconstruir. E assim fizemos, passo a passo, com a certeza de que, independentemente do que o fogo levou, ele jamais poderia apagar o que realmente importa: nossa coragem de recomeçar.

RENASCENDO DAS CINZAS

Passado aquele evento trágico, só tínhamos uma coisa a fazer: trabalhar! Decidimos nos unir e seguir sem olhar para trás. Lamentações não mudariam a nossa situação. Sem vitimismo, arregaçamos as mangas! Aqui você precisa entender a diferença de Vítima e Vitimismo. A vítima sofre algo do qual não tem culpa, mas age para se livrar de seu mal. A pessoa vitimista é aquela que usa tudo que ocorre ao seu redor como desculpa; trata-se de uma pessoa fraca emocionalmente.

São os momentos difíceis que moldam e que também separam os meninos dos homens!

Trabalhei como pedreiro para construir um novo negócio para a família. Trabalhamos duro para equilibrar nossas finanças.

Passei por um período complicado em casa presenciando o esforço contínuo dos meus pais em readequar-se a um padrão de vida financeira abaixo do que estávamos acostumados. Faltava-nos água e luz, a conta não fechava para o pagamento das despesas básicas. E não me envergonho em expor isso, muito pelo contrário, exponho todos esses fatos para que você, meu caro leitor, possa se identificar. Creio que o compartilhar das minhas lutas pode encorajar muitas pessoas e espero que possa ajudá-lo também, ao longo desta leitura!

NÃO VENDA SEUS VALORES

Ao longo da minha vida, percebi que os valores que cultivo são a base de tudo o que sou e do que conquistei. Eles não são apenas palavras ou conceitos abstratos; são guias que me ajudam a tomar decisões, a interagir com os outros e a enfrentar desafios. Meu histórico familiar me ensinou a importância de desenvolver certos valores inegociáveis, que carrego comigo em todas as áreas da minha vida.

Honestidade e humildade são, para mim, dois dos valores mais importantes. Ser honesto é falar a verdade, mesmo quando é difícil. Entendi ao longo do tempo que dizer o que precisa ser dito é uma forma de respeito, tanto para comigo mesmo quanto para com os outros. No entanto, ser honesto não significa ser rude. Aprendi que tão importante quanto falar a verdade é saber como falar – com carinho, cordialidade e empatia.

A humildade, por outro lado, é o que nos diferencia. Ser humilde não te faz maior do que ninguém, mas te torna diferente de muitos. A humildade me ensinou a ouvir antes de falar, a considerar as perspectivas dos outros e a reconhecer que sempre há algo novo a aprender. Ela me mantém com os pés no chão, independentemente das conquistas que alcancei.

Ao longo da minha jornada pessoal, busquei constantemente por conhecimento e formação, o que me levou a entender a importância de valorizar minha vida espiritual e minha conexão com Deus. Esse valor se tornou uma âncora em minha vida, especialmente em momentos de dificuldade. Ele me deu força para seguir em frente quando as coisas pareciam impossíveis e me lembrou de que há um propósito maior em cada desafio que enfrento.

Respeito ao próximo e empatia também são valores que considero essenciais. Ao me conectar com as pessoas, ouvindo suas histórias e compartilhando experiências, descobri que a empatia cria laços profundos e duradouros. Ela nos permite ver o mundo pelos olhos do outro, e essa perspectiva é fundamental para o crescimento pessoal e coletivo.

CAPÍTULO 3

NOVO MINDSET

Como desde a infância eu já tinha um espírito competitivo eu detestava perder e não aceitava bem esse sentimento de não vencer. Era um inconformismo e inquietação constante. Com o passar do tempo e a chegada da maturidade, descobri que há um tipo de competição que é 100% saudável: a que busca sempre melhorar-se a cada dia, e que não se satisfaz com o mediano nunca! Querer ser melhor a cada momento, se melhorar 1% a cada dia em 100 dias estará 100% melhor. O que você está fazendo hoje está lhe tornando uma versão melhor de você mesmo? Reflita.

Muitas vezes, somos ensinados a não sermos competitivos, como se fosse errado querer vencer! E é uma mentira. Na minha visão.

É vital que a gente mantenha dentro de nós um senso de inconformismo que nos impulse a não nos contentarmos com os resultados da média. É essencial que tenhamos dentro de nós uma força empírica que nos mova a ambicionar ardentemente viver uma vida Extraordinária!

Para isso, precisamos de uma metanoia, uma mudança de rota real que desafie nossa mente de modo constante.

MOMENTOS INESQUECÍVEIS

Alguns momentos foram muito marcantes para minha vida e construção como ser humano. Cito aqui alguns pequenos momentos gloriosos, que foram propulsores para a minha mentalidade de sucesso. Participei de corridas e provas de motocross e também de bicicleta. Foram grandes e árduas vitórias que contribuíram para minha superação constante!

Lembro-me de situações como furar o pneu, no meio da prova. Eu não desistia, nem que eu precisasse colocar a bike nas costas e seguir a corrida a pé, até isso eu fazia para continuar competindo e para vencer! Ao chegar na reta final, eu via as pessoas gritando e aplaudindo a minha determinação. Mas, tenho consciência de que, por trás de cada vitória, há alguém que está comprometido com o fazer aquilo que precisa ser feito para vencer!

Essa mentalidade resiliente e disciplinada de atleta me moldou a não desistir de mim. E hoje, como mentor, busco transmitir essa mesma mentalidade para os meus mentoreados e para minha audiência.

Tive, portanto, alguns momentos inesquecíveis e outros muito sombrios na minha história. Precisei aprender a ressignificar os ruins.

Neste livro, desejo compartilhar os momentos de celebração e a jornada de sucesso, mas por meio da minha história, quero que perceba que é possível realizar sonhos! E quero me colocar à disposição para te ajudar nesta jornada, independentemente do que possa ter acontecido a você! Caro leitor faço um convite: não tenha pena de si mesmo, dê outro significado aos fatos e resolva olhar para frente! Não importa qual seja sua situação atual, tenha fé e trabalhe para mudá-la.

Todos passamos por situações que não controlamos, você não é o único! Mas, a maneira como lidamos com elas é que determinam se sairemos vencedores!

Um dos momentos mais desafiadores na minha história, já na fase adulta, foi a perda do meu filho. Foi um período pesaroso para mim e minha esposa, pois trata-se de uma dor profunda e uma perda irreparável. Apesar disso, eu precisei aprender a olhar além da dor, pois eu sabia que não podia parar e nem perder a fé, mesmo vivendo algo tão difícil como aquele momento de perda. Não podia me abandonar ou rejeitar a minha história. Eu merecia vencer e vivenciar dias melhores – assim como você também merece! Então, a seu tempo, esses dias vieram. Posteriormente, tivemos muitos outros motivos para celebrar e agradecer. Mas antes que esses dias de mar tranquilo viessem, precisei aprender a me tornar mais forte, velejando nos dias de tempestade.

Um desses dias tempestuosos que eu precisei aprender a ressignificar foi a perda acidental dos nossos cachorros. Eu planejava deixá-los na casa de minha mãe. Coloquei-os no carro, mas os esqueci lá dentro. Era um dia ensolarado e quente, e eu os deixei fechados dentro do veículo...

Lembro-me até hoje! Quando estava saindo do trabalho, a caminho do carro, minha esposa – que diga-se de passagem, estava no sétimo mês de gestação – havia chegado antes de mim e viu os cachorros desacordados dentro do veículo. O leitor nem queira imaginar o desespero dela ao presenciar a cena... Ela me ligou aos prantos! Lembrando-me que ela estava gestante, corri como nunca na vida! Ambos ficamos sem chão. Ao mesmo tempo que eu precisava acalmá-la, eu também precisava me manter calmo, embora por dentro estivesse tão desesperado e desolado quanto ela.

Essa ocorrência me marcou muito por ter sido um grande descuido meu. Quando eu me recordo sinto dor, e ainda hoje peço perdão a Deus por ter estado tão envolvido com a minha correria cotidiana ao ponto de ter esquecido aquelas duas vidinhas ali dentro do carro.

Depois de um tempo processando o ocorrido, aprendi minhas lições. Profundamente aprendi que essa falha nunca mais poderia acontecer novamente, pois seria muito pior! Entendi que embora tivesse sido horrível, de certa forma foi como um sinal de Deus para mim: "Isso aconteceu com seus bichinhos, João, pra que não fosse preciso você passar por essa situação com seus filhos".

Se eu não tivesse ressignificado esse triste episódio na minha mente – como muitas pessoas não o fazem – eu passaria o resto da minha vida me lamentando, vivendo com o peso dessa culpa. O que você hoje, agora precisa dar um novo significado ? Reflita.

LIVRE-SE DA CULPA E RESSENTIMENTOS PARA PROSPERAR

A culpa, querido leitor, não nos torna pessoas melhores, nos torna mais amargas. Essas amarguras geralmente se transformam em doenças, pois a dor de consciência que a nossa mente não processa bem, o nosso corpo transforma em doença, tanto física quando psicológica. Perdoar é lembrar sem sentir a mesma dor, e nesse caso como em muitos é perdoar a si mesmo, às vezes precisamos perdoar pessoas que já se foram, soltar essa energia.

Aproveitando o ensejo, convido o leitor a fazer um exame de consciência. Faça uma visita à sua memória e reencontre suas culpas. Aprenda com seus erros e permita ouvir a voz de Deus te ensinando como lidar com cada uma delas. Encare-as uma por uma, pois se você não fizer isso, suas emoções buscarão subterfúgios e meios de apagá-las, geralmente buscando refúgios perigosos como os vícios, por exemplo. Seja por meio do álcool, seja por meio do uso de substâncias tóxicas, enfim.

Suas emoções clamarão por socorro, e se você não der ouvidos de forma honesta e madura, você e sua família sofrerão tristes consequências. Todo vício adquirido não afeta apenas a tua pessoa, mas afeta a todos que convivem contigo. Afeta inclusive as finanças e a forma como você se relaciona com o dinheiro! Entenda, querido leitor, todo vício te deixa mais pobre, não existe lucro algum nele. Não há razões para ter vergonha de si próprio ao viver situações de fracasso na vida. Devemos sim ter vergonha de, por amor ao orgulho, nos escondermos atrás de situações e de criarmos problemas para nós e para as pessoas que nos amam. Então, se você ama sua mãe, seu pai, sua esposa, seu filho, por amor a eles, resolva-se com o seu passado. Resolva-se de uma vez por todas com as suas culpas. Resolva hoje!

LEGADO IMORTAL

Creio que não basta ser uma boa pessoa nessa terra, quero ajudar outras pessoas a mudarem a vida também saindo da escassez. Sei o quanto é importante deixar uma herança imaterial para os meusfilhoseparaaspessoasqueficaremaquiquando eu partir. Sempre faço o possível para treinar o meu filho, influenciando-o a ser uma pessoa boa, honesta, que faz aquilo que precisa ser feito para conquistar suas vitórias. Essa é a maior herança que eu quero deixar para a minha família. Quero que eles tenham de mim a lembrança de alguém que saiu de uma cidadezinha improvável do interior, conquistou muitas coisas enquanto a maioria das pessoas ao meu redor duvidou e disse que não daria certo. Alguém que, com honestidade e jogo limpo ousou persistir, ultrapassando inúmeras barreiras, sem abrir mão de seus princípios e valores. Alguém que, depois de encontrar o pote de ouro atrás do arco-íris, não guardou-o para si. Mas que generosamente, apresentou a todos quando pôde, o caminho do tesouro. Ou seja, alguém que enriqueceu a si, e enriqueceu a outros.

CAPÍTULO 4

INÍCIO DA JORNADA DE SUCESSO

Depois de trabalhar em muitos segmentos, acabei entrando na área financeira – ramo no qual atuo até hoje – em uma empresa de empréstimos consignados.

Essa experiência me aproximou das dores e dificuldades que os aposentados e pensionistas enfrentavam e ainda de todos os golpes que estavam sujeitos. Eu me indignava com isso. Na sua maioria, os idosos buscavam o auxílio da financeira para pedir empréstimos não para eles, mas sim para sustento de filhos, netos e parentes.

Eles se endividavam por terem seus recursos, frutos dos benefício ao qual tinham direito, totalmente comprometidos. Os valores que deveriam ser de uso exclusivo para o próprio sustento, eram divididos com suas respectivas famílias ajudando na complementação de renda delas.

Geralmente esses grupos familiares ganhavam valores insuficientes para manterem-se, além de faltar-lhes o conhecimento para gerir esses valores. Sem programação financeira, a saída era sempre recorrer a um novo empréstimo. Esse padrão havia ficado bem claro para mim. Pude me enxergar dentro da mesma situação há alguns anos, quando sofri na pele a escassez financeira.

OUTRO TOMBO, OUTRO LEVANTAR

Nessa altura da minha história, já estava empregado, porém fui vítima de um golpe por parte da empresa em que trabalhava. Ao ser desligado dela, tive a desastrosa surpresa de ver que as comissões dos meus serviços não haviam sido pagas. Lá estava eu, novamente em crise, sem receber o salário corrigido, e com todas as contas próximas ao vencimento, contas que não poderiam esperar.

Quebrei novamente, reduzi drasticamente o padrão de gastos, e como em um *déjà-vu*, me vi no mesmo sofrimento vivido pelos meus pais, o de não ter recursos suficientes para o sustento de minha família. Endividado como estava, percebi que tinha que sair daquela situação de forma definitiva! Estava determinado a não voltar mais para aquele quadro!

Mergulhei de cabeça na busca pela solução. Fui atrás de todo o conhecimento que podia para sair do vermelho.

Com luta, trabalho, gestão financeira e planejamento, saí da crise financeira e pude experimentar o equilíbrio nas finanças retornar novamente. Sei que essa dura experiência que tive também é compartilhada por milhares de brasileiros. Isso me fez ter um objetivo na vida: ajudar pessoas a conseguirem administrar seus recursos do benefício e viver uma vida equilibrada como um todo, de forma geral.

Por ter vivido todo o desespero de situações temporárias de extremaescassez, a minha empatia transparece na forma como venho ministrando esse assunto. Eu quero que, de fato, as pessoas saiam das dívidas e levem a vida de modo leve e com qualidade, como deve ser! Esse é o propósito que me faz levantar todos os dias pela manhã, começar a gravar os conteúdos e iniciar minha rotina de trabalho.

CAPÍTULO 5

DESCOBRINDO PROPÓSITO

É fundamental entender que muitas pessoas passam a vida procurando o seu 'porquê', o famoso propósito de vida. Eu também me questionava sobre isso. Às vezes, essa busca pode ser intensa e desafiadora, além de, em certos momentos, surgir a questão do 'por quem'. Você precisa entender não apenas quem você é em sua essência, mas também o seu conhecimento sobre o mundo ao seu redor e a conexão com algo maior, em que você acredita. Se meditar nisso vai ser algo transformador, lhe garanto. Vai iniciar olhando o que você acumulou de experiências e observar se teve repetição. Toda pessoa excelente no que faz repetiu, repetição é a mãe das habilidades. Quando ingressei no mercado de produtos financeiros, buscava a minha independência financeira, mas também queria fazer um trabalho sério que pudesse ajudar idosos e pessoas vulneráveis a saírem de suas dívidas. Lembro-me das histórias duras de clientes, que desesperadamente tentavam equilibrar suas finanças, me vi envolvido pela necessidade de fazer a coisa certa, atendendo a essas pessoas de uma forma honesta. Diferentemente de outros colegas de trabalho que visavam os ganhos a qualquer preço. Para mim era angustiante ver idosos contratando empréstimos sem saber o básico das informações inerentes à contratação. Ou seja, pessoas vendiam produtos financeiros a clientes de modo desonesto, desrespeitoso e sem empatia. Não se colocavam no lugar dessas pessoas. Isso me incomodou a ponto de querer fazer a diferença para que, de alguma forma, eu pudesse informá-los sobre a prática da aquisição de empréstimo, sua função emergencial e seus riscos envolvidos. Ajudando-as a não contratar de forma impensada ou desinformada.

Então, de funcionário passei a ter o desejo de ter o meu negócio, criando uma empresa do meu jeito, com os meus valores. Minha empresa, a João Financeira, atua há aproximadamente duas décadas no ramo de empréstimos consignados. Já atendeu milhões de brasileiros por meio dos empréstimos, mas, acima de tudo, com informações gratuitas em todos nossos canais.

Somando a rede de canais e veículos de comunicação como YouTube, Instagram entre outros, a empresa já alcança a marca de mais de 6 milhões de seguidores e 1 milhão de inscritos só no canal do YouTube .

Os números nos dão satisfação, porém, nosso maior orgulho é o de realizar um trabalho que é validado todos os dias por pessoas que comprovam o método e a nossa didática. Para mim, o maior prêmio é poder acompanhar inúmeros depoimentos e mensagens carinhosas da nossa audiênca por todo o Brasil.

Gosto muito de ter esse contato direto, tanto nas mensagens por direct, como em palestras que faço pelo país, sempre que posso, para testificar como um termômetro, que nosso trabalho está sendo eficaz.

Em nosso país, infelizmente, 70 milhões de brasileiros estão severamente endividados. Meu sonho é ver essa realidade mudar, e de ser espectador de uma outra realidade: ver as famílias brasileiras vivendo em tranquilidade financeira, organizando melhor suas escolhas na hora dos gastos e aumentando seus recursos.

É desse trabalho humanizado que quero falar. Entre os canais, está um dos maiores blogs do Brasil que tratam sobre esse assunto, pelo qual meu intuito é alertar sobre maus hábitos financeiros, além de dar estratégias de planejamento e organização financeira.

Por ter trabalhado muitos anos em minha carreira com o público da terceira idade, me envolvi de forma genuína com suas dificuldades e desafios, acompanhando de perto suas dores e lutas, já que as leis vigentes muitas vezes não atendem a essas pessoas como o esperado.

Eu e meu time deixamos há muito tempo de sermos apenas orientadores, somos, também, atuantes da defesa da vida digna para essas pessoas. Hoje, tenho mais de 1,2 bilhão de visualizações na soma total de nossa audiência.

Muitas vezes, por termos todos esse espaço e credibilidade, somos a voz de tantas pessoas caladas, em filas do INSS e com suas reclamações não ouvidas.

E isso me dá um senso de estar cumprindo meu papel como empresário, na sociedade, mas antes de tudo como cidadão. Entenda, caro leitor, que a audiência precisa que alguém, verdadeiramente, confirme suas suspeitas, acalme seus medos, atire pedras nos inimigos e apresente uma real esperança para o futuro.

Espero poder ver muita coisa mudada em relação a à legislação e à aprovação de leis, que possam olhar de forma mais especial e empática para os aposentados.

CAPÍTULO 6

NÃO SEJA APENAS MAIS UM

Por algumas vezes, fui convidado a participar de congressos e palestras. Em um desses convites, recebi um em especial que me encheu de satisfação. Fui convidado a participar da comissão dos direitos da pessoa idosa, na Câmara Deputados em Brasília, por conta do nosso trabalho e prestação de serviço e do nosso conteúdo educativo e informativo.

Por intermédio do meu discurso nessa comissão, pude buscar parcerias, além também de cumprir com um papel fundamental, que é o de chamar a atenção da sociedade – da audiência que me assistia em transmissões ao vivo em nossos canais e aos presentes naquele dia – sobre o justo valor que esse país deve dar a seus idosos, já que essa parcela da população contribuiu muito para a sociedade durante toda uma vida. Agora, nessa fase da vida, eles esperam e necessitam da merecida contrapartida. São décadas de esforço, tempo e trabalho dedicado, para si, para suas famílias e para o país. Nada mais justo do que ver os frutos provindos dos anos de trabalho duro. – Devemos olhar os idosos com outros olhos – dizia eu. – Lutamos para tirá-los das garras de grandes bancos, seus maiores vilões, que cobraram juros abusivos durante anos desenfreadamente.

Mencionei o deputado João Campos, que se sensibilizou com a causa, e a oposição a essa determinação que eu defendi, vetando o projeto de lei, que propunha considerar como idoso o cidadão na idade de 65 anos, em vez de 60. Essa decisão adiaria em cinco anos o direito de milhões de pessoas de terem o seu benefício do INSS!

Eu comemoro essa vitória mas ciente que ainda é necessário muitos apontamentos para fazer à justiça em relação aos direitos dos idosos.

Foi também discutido nessa comissão, o 14º salário, que é direito que eu defendo com veemência. Claro, não é o 14º que acabará com todos os problemas, mas acredito que amenizará, e muito, as dívidas dos idosos no período de fim de ano. Eu não admito que, por burocracias e letargia nos trâmites das aprovações do benefício, mais idosos sejam obrigados a viver na linha da pobreza. Que vivam em condições insalubres, sem se alimentar adequadamente e sem ter suas necessidades básicas atendidas.

É incoerente achar que possam viver com um salário mínimo, uma vez que as despesas médicas, por exemplo, são maiores nessa fase. Além de outros gastos com remédios e, alguns casos, cuidados especiais.

Por isso, nossa jornada parte apenas da necessidade de defender os direitos dos aposentados, mas dando-lhes também ferramentas para aumentarem suas rendas. Para que os problemas enfrentados seu quadro financeiro seja resolvido como um todo.

O impacto gerado nesse dia me agradou muito, consegui levar a mensagem, porém permaneceremos na mesma luta.

Tive um momento de aplausos e foi um episódio de realização pessoal.

"INVISTA EM SER LEMBRADO!"

JOÃO ADOLFO

CAPÍTULO 7

COMO ME TORNEI UM YOUTUBER COM MILHÕES DE VIEWS

Com poucos recursos e um sonho, iniciei no YouTube com a cara e a coragem. Mas o que poucos sabiam é que, por trás de cada vídeo gravado, havia uma batalha interna. O desejo de impactar vidas era imenso, mas, ao ver os números baixos de visualizações, a frustração se instalava. Me lembro claramente das noites em que me perguntava: 'Será que estou no caminho certo?'. O medo de fracassar andava lado a lado com a determinação de continuar, e cada visualização contada era uma pequena vitória em meio às dúvidas. Foi nesse equilíbrio entre a esperança e a incerteza que encontrei a força para seguir adiante. O primeiro video teve apenas 8 visualizações ou seja, nem minha mãe assistiu ao primeiro vídeo! Na segunda tentativa, tive 9 visualizações, talvez nessa tentativa minha mãe assistiu! O terceiro vídeo, contrariando aquele meu tímido ritmo crescente, obteve 6 visualizações, outro fiasco! Não demorou muito e chegou o momento em que eu identifiquei a máquina de oportunidades que o mundo digital estava trazendo a inúmeros empresários, então tomei uma decisão: vou aprender a colocar o meu conteúdo no canal e vai dar certo!

Eu não tinha ainda nenhum conhecimento técnico de como fazer, mas tinha a coragem e determinação e isso me bastou para desbravar esse terreno inexplorado. Eu não era tímido, não tinha dificuldades de me expressar, na verdade até tinha uma boa comunicação. Apesar disso, eu sabia que eu precisaria me esforçar um pouco mais para conseguir transmitir minha expertise e minha mensagem de maneira marcante no digital.

DIFERENCIAÇÃO: "COMO ME DESTACAR DA MULTIDÃO? COMO CHAMAR ATENÇÃO NESTE OCEANO DE POSSIBILIDADES?"

Comecei a pensar. Talvez você também esteja se perguntando qual a melhor maneira para se apresentar no YouTube ou nas redes sociais?

É importante dizer que saber "se vender" como dizem, é uma arte. Muitas vezes a falta de confiança tem atrapalhado o teu fluxo criativo para fluir nessa arte! Eu sei, estar diante de uma câmera é totalmente diferente de conversar pessoalmente com alguém. Anote essa: "ser único é melhor do que ser o melhor". Nos preocupamos com a nossa aparência, com a dicção e nossa clareza na fala, mas o excesso de preocupações diante de um vídeo acaba transparecendo na hora da transmissão de sua mensagem. Pior, muitas vezes fica mais nítido o nervosismo do que a mensagem principal que a pessoa tem a dizer.

É triste ver tantas pessoas empobrecendo seu canal por apresentarem-se travadas e muito preocupadas com uma perfeição irreal, buscando o tecnicamente correto.

A internet deu voz a pessoas comuns mostrarem coisas extraordinárias. Logo, a autocobrança em excesso não deveria estar presente. Pois cada vez mais vemos conteúdos expostos com muita simplicidade e pouca produção obtendo espaços enormes e muitas visualizações.

Me arrisco em dizer que as pessoas querem ver a verdade, a sua essência em seu trabalho muito mais do que um mega cenário e uma comunicação rebuscada.

Lembre-se: conexão e identificação conquistam audiência.

Outro ponto que costumo dizer: você será julgado, e farão isso até mesmo se você não estiver fazendo nada.

Ou seja, sempre farão uma leitura a seu respeito, e não podemos controlar isso. Logo, não adiantará em nada ter excesso de preocupações ou sentir-se apavorado com isso.

Eu consigo compreender que essa informação nos apavora. Mas esse pavor precisa, na verdade, tornar-se um impulsionador! Deve servir para te encher de garra e desejo de mostrar seu potencial. Provar que sim, você consegue! Pois todas as habilidades são treináveis, e muitas outras vêm com o tempo.

“OU VOCÊ AUMENTA SUAS HABILIDADES OU DIMINUI SEUS SONHOS.”

JOÃO ADOLFO

USE O POUCO QUE TIVER EM SUAS MÃOS!

Entenda, querido leitor, que se você tiver pensamentos como: "Não tenho a estrutura que preciso" ou então, "Quando eu tiver recursos, vou começar!", "Quando tiver um bom cenário ou uma boa câmera, farei, pois não quero passar vergonha!", você nunca iniciará nada.

Esses pensamentos de escassez, sempre valorizando aquilo que hoje você não tem, embaçam e comprometem a visão correta que levará você ao sucesso. Tenho muita segurança para dizer-lhe algo: se você não valorizar o pouco que tem hoje, pode ser que Deus nunca te coloque no muito.

Não dar valor ao que se tem e não aproveitar o que está nas mãos hoje para realizar os seus sonhos, esperando o momento e as condições perfeitas para iniciar algo... Talvez você passe a vida toda esperando por isso, adiando teus sonhos, e, sem perceber, protelando experiências extraordinárias. Portanto, não tenha vergonha de começar com o pouco.

Você deve estar se perguntando, como foi o meu início. O meu cenário limitado, tinha uma pequena mesa com um computador bem antigo. Mas eu me orgulhava de ter esses poucos elementos comigo.

Não me vitimizei, não mesmo. Não exagero quando digo isso, realmente estava grato e empolgado em começar e procurei não me focar no que não tinha, mas valorizar o que estava em minhas mãos. Talvez fossem poucos recursos, mas, por outro lado, eu esbanjava entusiasmo e vontade de levar a minha mensagem, fazendo a diferença na área das finanças, levando em frente o meu propósito. Posso te garantir que quando temos boas intenções não tem porque dar errado. Não importa nem mesmo o lugar em que você habite, se está em um grande centro ou em uma pequena cidade do interior – sou a prova viva disso! Conquistei uma das maiores posições de audiência do YouTube, no meu segmento. Falo isso de forma humilde e com extrema gratidão a todos que me acompanharam ao longo da minha caminhada no digital. Não para me vangloriar, longe disso. Mas sim, para incentivá-lo a dar esse primeiro passo ou a dar os passos ousados que precisa para crescer em seu trabalho!

CONFIANÇA EM SI MESMO

Tenha certeza, aulas de dicção e preparação podem te ajudar muito, mas acredite: não tem nada melhor do que confiar em si próprio quando nos colocamos em exposição. E para isso é fundamental dominar o assunto e se perguntar e fazer a auto-avaliação: até que ponto minha mensagem vai gerar transformação na vida das pessoas? Quando isso é bem claro em nossa mente a confiança vem de forma natural, depois que tomamos atitude de gravar, afinal se não for você o transmissor dessa mensagem que impactará pessoas, quem mais será? Pense nisso e não adie mais seu sonho.

PRENDA A SUA AUDIÊNCIA SENDO AUTÊNTICO

Tendo claro o seu propósito na criação do vídeo e dominando o assunto a ser abordado, julgo que um conselho muito interessante é: busque fazer uma introdução impactante. Use sua criatividade para criar um bom título para o seu vídeo. Creio que essa é a chave para prender a atenção do espectador desde o início. Seja por meio de uma pergunta intrigante, uma declaração provocativa ou uma cena com impacto, enfim. É fundamental criar um gancho que motive os espectadores a continuarem assistindo. Essa estratégia não apenas reduz a taxa de rejeição, mas também estabelece a expectativa de um conteúdo de valor.

Produzir um conteúdo cativante é o alicerce para construir autoridade no YouTube, cultivando uma audiência leal. Busque cativar a atenção do seu espectador já logo nos primeiros três segundos! Acredite, isso faz a diferença! Muitas pessoas começam uma live e, assim que o vídeo começa, a pessoa diz: “Oi, gente, vamos esperar um pouquinho a galera entrar". Não faça isso! Já inicie a sua gravação com a carta na manga. Com a sua frase de impacto, ou com alguma cena ou atuação... Já entre na live proporcionando essa surpresa ao seu espectador, pois esses três segundos são essenciais!

Outro conselho que dou ao leitor é: busque conhecimento a respeito das técnicas de storytelling. Essas técnicas são fundamentais para criar vídeos envolventes. Contar uma história envolvente não apenas mantém a atenção do espectador, mas também cria uma conexão emocional que transcende a tela. Ao desenvolver uma narrativa clara, incorporando elementos de suspense, surpresa e identificação pessoal, o leitor poderá proporcionar uma experiência mais significativa para seus espectadores.

“QUEM É DE VERDADE
SEMPRE PERCEBE
QUEM É DE MENTIRA.”

JOÃO ADOLFO

CAPÍTULO 8

PALESTRANDO COM GIGANTES

Outro momento marcante que eu vivi e julgo digno de ser mencionado neste livro foi a minha participação no evento Segredos da Audiência. Trata-se de uma noite de palestras com os principais nomes do cenário nacional, do marketing digital e empreendedorismo. Esse evento já recebeu figuras como Pablo Marçal, Joel J. Alok e Paulo Muzy. Essa palestra aconteceu em outubro de 2022, em Alphaville, São Paulo. Antes eu havia participado do SDA como espectador, e sim, nessa época de ouvinte eu estava colhendo todas as informações para me tornar um youtuber com muitos videos viralizados. E não só aprendi como também me imaginava ocupando aquele palco para compartilhar ao mundo a minha mensagem e propósito. Estar diante daquele palco e ocupá-lo, era algo extraordinário. Sem dúvida, um ponto crucial na minha jornada. Aliás, meu querido leitor, vou abrir um "parênteses" para ensinar-lhe uma valiosa lição! Para que os desejos que você tem hoje se concretizem, é necessário visualizar-se nesse lugar do sonho. Você precisa enxergar isso acontecendo, imaginar a sensação da realização, e fazer tudo aquilo que é necessário para que isso se concretize. Nada acontece sem que antes você visualize no lugar do sonho, nada acontece sem que antes você tenha fé.

Fé não é simplesmente acreditar naquilo que não se pode ver, fé é ter a fiel certeza de que tudo aquilo que você está acreditando vai se realizar. A fé é empoderar palavras, a fé é empoderar pessoas! Suas palavras podem ser o combustível que alimenta uma explosão ou o extintor que apaga um incêncio. Assim, o leitor também deve usá-la para empoderar-se. Eu mesmo fiz isso e me "auto-empoderei" por meio da fé e da minha constante busca por conhecimento, para um dia estar naquele palco.

Momentos antes de entrar no cenário do espetáculo SDA – como é chamado – ainda nos bastidores, eu já me encontrava transbordando de gratidão e ao mesmo tempo, com um frio na barriga! Afinal de contas, essa seria uma palestra para mais de 2 mil pessoas – o maior espetáculo do marketing digital do Brasil – e eu estaria ali, em frente a todo aquele grande e seleto público.

Antes de subir ao palco, encontrei algumas pessoas que me parabenizaram, dizendo que eu era merecedor daquele lugar, e isso me marcou muito! Aquelas muitas palavras, me parabenizando, me fizeram refletir sobre o conceito de ser merecedor e de me achar merecedor. Naquele momento, para mim estava bem claro que eu era merecedor. Sim, eu me senti, me achei merecedor! – E algo que eu gostaria de compartilhar contigo é que se você não se acha merecedor, isso é um forte indicativo de que você ainda está perdido. Você precisa se achar merecedor, e para isso é necessário se encontrar no seu propósito, e entender o seu caminho. Certa vez Jesus disse: "Eu vim para que tenham vida, e vida em abundância". Se a palavra apontava que o desejo dele era de que tenhamos vida abundante, quem somos nós para não acreditarmos na nossa verdadeira abundância?

Ao subir no palco, as primeiras palavras que eu disse ao público foram: "Eu estou muito feliz por estar aqui com vocês!". Sei que, para muitos, essa frase soaria apenas como um simples protocolo, ou uma forma gentil de me dirigir à audiência e abrir minha fala. Mas cada palavra dentro dessa frase estava carregada de sentido, de gratidão e de exultação por estar vivendo aquela experiência que um dia, eu sonhei!

Eu disse ao meu público que há meses eu estava ali sentado, como um deles, participando como ouvinte naquela plateia. Então me sobreveio à mente a seguinte premissa "quem não senta para aprender, nunca se levantará para ensinar". Segui o raciocínio junto ao público dizendo que, muitas vezes as pessoas querem simplesmente espelhar-se em um modelo de sucesso, querem fazer aquilo que as outras pessoas estão fazendo, querem palestrar em grandes eventos, querem ganhar muito dinheiro, mas elas não querem pagar o preço por isso. Elas querem simplesmente um milagre na vida delas. Mas milagre não é o tipo de coisa que acontece para pessoas que querem as coisas de graça! Não é para quem não deseja pagar o preço, para quem evita o processo, o caminho necessário que precisa passar para atingir resultados.

Antes de estar neste palco – dizia eu – eu fiz centenas, na verdade milhares, de lives e vídeos, entregando aos espectadores o meu melhor conhecimento.

Foi na luta por aposentados e pensionistas, oferecendo empréstimos, que nasceu o propósito do meu coração: ajudar pessoas que tem dificuldades financeiras. Esse foi e ainda segue sendo o meu propósito, e para cumprir com essa finalidade que o meu canal do YouTube foi criado.

Depois que você – eu seguia dizendo aos ouvintes naquela noite – encontrar o caminho que parte da iniciativa de impactar pessoas, siga com o seu conteúdo sendo autêntico, da sua forma e do seu jeito, pois você é único!

Eu me lembro que no meu começo, nessa jornada como player, eu era simplesmente um ridículo, um louco! Pois um gênio sem resultado é só um louco. Mas um louco com resultados, torna-se um gênio!

"QUEM TEM MEDO
DO RÍDICULO
NUNCA VIVERÁ O
EXTRAORDINÁRIO."

JOÃO ADOLFO

Aquela palestra foi maravilhosa! Eu me senti muito honrado e feliz, pois após minha participação eu recebi muitos depoimentos de pessoas que tiveram suas vidas transformadas pelo meu conteúdo. Depoimentos de pessoas que também vieram de um contexto muito parecido com o meu, pessoas de cidades pequenas, isso trouxe um ponto de identificação e conexão com o público.

Muitas vezes as pessoas não acreditam que podem chegar a um lugar de destaque, pois estão em pequenas cidades, em pequenos lugares, longe dos olhares de gente importante e que, por isso, sentem-se inferiores. Eu consegui me conectar com elas, já que muitas se encontravam na mesma situação em que eu estava quando comecei, e sentiam-se desacreditadas de si mesmas.

Ao descer do palco, saí com a satisfação no peito de alguém que cumpriu com o seu papel, pois eu consegui deixar aquele ambiente sabendo que eu fiz com que as pessoas presentes acreditassem mais em si próprias!

Eu também acredito que dentro de cada um há um grande potencial que, talvez, estivesse escondido até esse momento. Hoje não é um dia qualquer, caro leitor! Hoje é o primeiro dia da grande mudança da sua vida, pois agora você já entendeu que, se eu passei por tudo isso – que possivelmente esteja passando hoje – e venci, você tem plenas chances de virar o jogo e vencer também.

Cada dia será melhor do que o outro, cada dia será mais próspero se você entender e fizer tudo aquilo que precisa ser feito para que o seu propósito seja cumprido.

Naquela noite, recebi muitos elogios além dos aplausos de milhares de pessoas! Me coloquei no meu lugar de satisfação e merecimento, pois estava feliz com tudo aquilo que estava vivendo. Porém, no meu sentimento de merecimento, não havia espaço para orgulho. Eu continuava tendo um coração simples e recebendo aqueles elogios com humildade. Eu permanecia subindo os meus degraus rumo ao sucesso, porém, mantendo-me na humildade.

“OS AMBIENTES QUE VOCÊ SE INSERE TEM O PODER DE DETERMINAR O SEU FUTURO.”

JOÃO ADOLFO

CAPÍTULO 9

AMPLIANDO O MAPA MENTAL

UM CONVITE INESPERADO

Em outubro de 2023, eu recebi um convite do meu amigo, Samuel Pereira, idealizador do evento "Segredos da audiência". Uma experiência era promovida e, para fazer parte dela, Samuel escalava pessoas relevantes do mercado convidando-as a uma viagem para Dubai.

Recebi o convite com boas expectativas sobre a viagem. Ao receber as fotos e contemplar toda a grandeza e prosperidade da imponente Dubai, já me imaginei lá!

Eu sabia que essa viagem me proporcionaria muito mais do que boas fotos para fazer marketing com elas. Eu identifiquei uma grande oportunidade para aprender coisas grandiosas que me ajudariam tanto na minha carreira profissional quanto me renderiam lições para a minha vida pessoal, fazendo a diferença, inclusive, para a minha família. Além do mais, as experiências vividas, os novos conceitos aprendidos e as viradas de chave que estavam me esperando, impactariam a vida das pessoas com quem eu converso diariamente, além das milhares de pessoas que são alcançadas por meio do meu conteúdo na internet. Uma mentalidade expandida jamais volta para seu estado natural, abre para coisas novas, eu já tinha clareza disso e quero que você também viva isso.

Como toda viagem que planejamos para fazer, haviam custos envolvidos. Esses custos incluíam o transporte aéreo, hospedagem, alimentação, além dos programas agendados para essa experiência. Mas, surpreendentemente, o valor era algo possível e cabível dentro do meu orçamento.

O custo não era um fator impeditivo, mas antes de "bater o martelo" eu precisava compartilhar esse meu interesse com a minha esposa e alinhar com ela a viabilidade de ir – pois temos duas crianças pequenas e, para que eu pudesse ter essa experiência, ela precisaria ficar e dar conta dos dois sozinha. Ao falar com a minha esposa, Michele, ela prontamente aceitou, mesmo sabendo que precisaria segurar as pontas em casa. No instante em que a proposta foi aceita, meus olhos ficaram marejados. Me emocionei em perceber o valor que aquela mulher tem para mim. Ela demonstrou ser alguém fiel, firme e decidida a me apoiar nas minhas decisões.

Tendo o aval da minha parceira de vida, e também procurando providenciar todas as coisas pra que a casa estivesse em ordem e bem suprida, comecei também a me mexer para viabilizar um afastamento do trabalho.

Conseguida a licença e tendo deixado a casa em ordem, fiz todos os trâmites necessários para que eu pudesse embarcar rumo a Dubai!

A viagem havia sido feita ao todo com 15 pessoas de diferentes segmentos. Havia ali donos de negócios milionários e bilionários. Eu me senti honrado em fazer parte daquele grupo, não me senti envergonhado ou fora de contexto.

O VOO NA A380

A viagem já começou a valer a pena desde o voo! Eu havia escolhido o padrão business para fazer aquela viagem.

A aeronave era imensa, eu nunca havia entrado em uma tão grande! Meu assento era muito grande e confortável, podendo incliná-lo inclusive para deitar. O espaço dentro da aeronave era muito bom. Havia mais do que um banheiro disponível, espaço para transitar, sendo um ambiente agradável para conversar com os amigos, e havia também um bar naquela classe.

A comida era acessível a todo momento. Uma variedade muito grande de doces e lanches. Havia frutas e verduras e muito daquilo que eu consumo diariamente em minha dieta alimentar – porque eu sigo uma dieta saudável e equilibrada. Para a minha surpresa, tudo aquilo que eu gosto e consumo, estava disponível. No bar havia uma infinidade de drinks e vinhos, inclusive dos mais caros. Toda essa fartura estava sendo servida livremente.

Os comissários de bordo eram extremamente atenciosos, atentos e rápidos para nos atender. A qualquer sinal ou movimento, eles já estavam prontos para lhe servir. O atendimento deles me impressionou muito pela presteza e agilidade.

Além do conforto, fartura e um excelente serviço, o longo trajeto de ida foi muito enriquecedor! Tive a oportunidade também de exercitar o meu inglês. Mesmo tendo nível básico, pude travar algumas conversações simples e me comunicar com estrangeiros, o que me deixou feliz e empolgado!

Guardei no coração as conversas que tive com os colegas do meu grupo. Conheci ali pessoas que, como eu, vieram de um contexto muito simples e batalhador. Tive o privilégio de conhecer a história de um tripulante que havia começado o seu negócio com a sua avó. Juntos, eles criaram uma pequena fábrica de balas. Com o passar dos anos, o negócio se expandiu, alcançou novos mercados, expandiu suas vendas de forma exponencial e, naquele momento, ela estava indo a Dubai fazer negócios!

Eu me senti feliz, empolgado, satisfeito e ambientado dentro daquela aeronave. Em momento algum tive a sensação de inadequação ou não pertencimento àquele ambiente.

Dentro da aeronave, interagindo com os outros companheiros de voo eu aprendi uma importante lição: pessoas de negócios falam sobre negócios! Elas não perdem seu tempo falando sobre frivolidades e nem sobre a vida das outras pessoas. Elas falam sobre seus negócios, ideias, sobre o desenvolvimento de ponte para novos negócios.

Aquele voo foi uma experiência muito marcante para mim. O motivo de compartilhar com o leitor essas experiências de fartura, de abundância, de estar em ambientes diferenciados, não é me exibir para você. Ou então que o leitor pense que eu fui uma pessoa de sorte por viver tudo isso, e que essa realidade não faz parte da sua vida. A mensagem que eu quero deixar a você, meu querido leitor, é a seguinte: é possível sim!

Se eu consegui, se pessoas ali naquela tripulação conseguiram, então você também consegue chegar a qualquer lugar!

DESEMBARCANDO NO SONHO

Desembarcando em Dubai, o deslumbre continuou assim que desci da aeronave. O aeroporto era de uma magnitude, brilho e grandeza... Tudo lá era digno de ser apreciado! A iluminação a quantidade, o tamanho e a disposição dos espelhos, o brilho, o tamanho dos elevadores... Creio que tudo isso era propositadamente planejado para apontar a grandiosidade que Dubai tem. Além disso, é impressionante a tecnologia usada no despacho das malas, tudo automatizado. Não era necessária uma grande equipe para coordenar as operações. O choque cultural também se deu quando eu percebi o avanço tecnológico daquele ambiente, a automatização dos processos, a tecnologia tão presente em tudo. Isso sem contar a excelência no atendimento, a ordem, o clima respeitoso. Não havia a mínima preocupação de que alguém pegasse as suas coisas sem permissão – seja por engano, má conduta ou furto. Tudo ali se diferenciava. Esse foi o meu segundo impacto da viagem.

O hotel também foi outra experiência de impacto. Chamava-se Hollywood Hotel, e, seguindo aquele "padrão Dubai" era incrível e grandioso! O prédio tinha mais de cinquenta andares. Era um hotel temático e, como o próprio nome sugere, usava para a sua decoração as estrelas de Hollywood, nos recebendo com um tapete vermelho, dando-nos a impressão de que naquele ambiente, nós é que éramos as estrelas! Além do mais, a decoração era um show à parte! Grandes espelhos, iluminação, cristais, pianos, estátuas e tantas outras peças decorativas criando ambientes incríveis. O atendimento também era fantástico. Éramos tratados como reis! Era extrema a educação, polidez, presteza ao cuidar de nós, das nossas bagagens, enfim. Percebi que esse zelo em receber bem fazia parte da cultura de Dubai.

CAPÍTULO 10

O ACESSO MUDA A VISÃO

O FRAME

Dentro do programa da viagem, passaríamos cinco dias visitando alguns lugares icônicos. Um desses lugares era o grande Dubai Frame. Para que o leitor compreenda, trata-se de um monumento gigantesco, de 150 metros de altura, feito de aço, vidro, alumínio e concreto, em formato da moldura de um quadro! Além de um monumento, ele é também um observatório que, em seu topo proporciona ao visitante ter a visão de "duas Dubais", de um lado a parte antiga da cidade e de outro lado, a parte nova. Eu confesso a você, caro leitor, que eu não tinha tanta expectativa nesse programa. A minha ideia inicial é que seria apenas um lugar turístico, um quadro para tirar fotos bobas – como todo turista faz – e que eu, com certeza faria também! Fui sem muita expectativa, achei que não me surpreenderia tanto.

Chegando lá, fui surpreendido com a magnitude e a altura desse monumento! Era algo estratosférico e impossível de se passar despercebido aos olhos. Me chocou o fato de que eu entraria dentro daquele quadro e subiria até o topo dele! Para isso, subiríamos usando o elevador do Frame. Esse elevador me impressionou por dois motivos principais. O primeiro motivo é que parte dele era de vidro, possibilitando ver a cidade enquanto subíamos. O segundo era a velocidade com a qual o elevador subia tantos andares! Eu não sou uma pessoa que gosta de altura e, para a minha infelicidade, eu estava posicionado justo na ponta, bem na parte transparente do bendito "elevador bala"! Como o leitor pode imaginar, o medo tomou conta de mim e, ao olhar para baixo, acredite, a experiência ficou bem pior!

Lembro-me de que me agarrei com todas as forças na barra ao meu lado, dando graças a Deus por ela ser de metal, pois se fosse feita de outro material, certamente eu a quebraria, tamanha a força com que eu me segurei nela!

Dado o pânico em que eu me encontrava, quando o elevador chegou em seu destino final, ainda que eu estivesse em um canto difícil de sair rapidamente, eu fui um dos primeiros a dar um salto para sair dali o mais depressa que pudesse!

Para minha outra surpresa, ao sair do elevador, me deparei com um chão praticamente todo de vidro! Eu estava tomado pelas minhas emoções e pela sensação pavorosa de medo. Para mim, tudo aquilo só ficava pior! Eu já não sabia mais se eu deveria continuar aquele passeio, se deveria voltar, ou se deveria ao menos tentar... Fiquei dividido! Ao olhar ao redor, pude ver que algumas pessoas estavam caminhando livremente pela superfície transparente, enquanto outras, temerosas, andavam nas laterais, e pouco a pouco, pisavam na superfície de vidro. Então, comecei a conversar com a minha própria consciência: chegou a hora de você enfrentar esse seu grande medo!

Naquele momento, a decisão que tomei de que eu deveria confrontar aquele medo não fez com que o meu medo de altura passasse! Fiquei anestesiado e consegui olhar a vista. O medo continuava ali, a diferença é que eu o enfrentei! Meu corpo sentiu uma sensação única: uma mistura de medo e emoção e, após percorrer aquele caminho transparente eu senti a indescritível sensação de vitória! Confidencio ao leitor uma coisa também: sentir na pele a sensação da vitória não significa que, a partir de então, você nunca mais sentirá medo! O medo sempre estará lá. A coragem, por sua vez, não é a ausência de medo. Coragem está em agir apesar do medo.

MUSEU DO FUTURO

O programa do dia seguinte foi uma jornada incrível também, foi como entrar em uma máquina do tempo e desembarcar quarenta anos à frente!

Esse era o Museu do futuro! Foi um outro choque de realidade! O guia nos apresentou o projeto urbanístico de Dubai. Estávamos diante de uma cidade condenada a não ter nada a não ser água do mar. Mas, contrariando os desafios da sua própria geografia, essa é uma cidade cheia de construções magníficas, sem contar que os maiores números de arranha-céus do mundo estão lá.

No museu do futuro, existe, por exemplo, uma coleta de DNA de praticamente todas as espécies de animais, todos estão guardados em um grande banco de dados. Além disso, no museu estão expostos projetos disruptivos, como carros voadores e um projeto de como será a cidade daqui quarenta anos, tendo desde já as estruturas sendo preparadas para abrigar essas mudanças futurísticas.

Me encantei ao ter contato com a visão de planejamento daquele povo. Ver o que um sheik árabe, aliado a várias outras mentes brilhantes são capazes de construir. Aprendi que nós precisamos olhar com mais atenção para o nosso futuro e planejar aquilo que queremos para ele. Aprendi também que pensar no futuro nos treina no exercício de crer para ver.

A maioria das pessoas está acostumada a ver para crer, mas essa experiência no museu me ensinou que devemos primeiro crer – ansiar, imaginar e planejar – para depois ver. Isso quebrou um paradigma dentro de mim. Penso que nós, muitas vezes, queremos ter os recursos à nossa mão para então passar a crer nos nossos sonhos. Mas nós devemos primeiro ter a crença, e uma crença forte o suficiente para se tornar fé. E ter fé significa ser fiel à certeza de que aquilo que idealizamos vai se realizar. Aqueles homens estão cheios dessa certeza porque eles já estão planejando tudo. As principais palavras que resumem o museu do futuro são: planejamento, visão, certeza e fé.

THE VIEW

Fomos conhecer o mais novo mirante de Dubai, chamado "The View"! Por mais uma vez, fomos surpreendidos com uma visão estratosférica! Esse mirante permitia-nos ter a visão da "Palmeira". Não se trata de algo como a palmeira mais antiga da cidade. Nada disso, não estamos falando sobre botânica. Estou falando sobre um complexo de ilhas em formato de palmeira, o "Palm Islands". Este foi um dos projetos arquitetônicos mais significativos no mundo, desenvolvidos no nosso presente século. O arquipélago é formado por três grandes ilhas. Uma ilha em formato de meia-lua, para criar uma barreira natural contra grandes ondas. Uma ilha formando o que seria o tronco da palmeira, e outra ilha formando as suas folhas.

Certa vez, um sheik teve uma visão de construir algo em cima do mar. Ele vislumbrou uma cidade, ainda que aquele local onde não fosse possível construir nada! Essa visão nos permitiu arquitetar um novo entendimento, o de que o impossível pode se tornar possível para aquele que crê. Não importa qual seja a situação adversa, qualquer coisa pode ser construída! Qual sua visão hoje que está sendo ignorada simplesmente porque você acha impossível? Ou melhor achava.

Uma outra lição que eu aprendi contemplando aquele grupo de ilhas artificiais foi a respeito do que é a verdadeira prosperidade. Aquelas ilhas estão repletas de hotéis, resorts, casas de veraneio e residências. Há muito movimento, alta circulação de pessoas, muitas casas, enfim... é movimentada como uma cidade comum. Mas por não haver espaço para produção agrícola, toda alimentação natural como frutas e verduras são importadas. Portanto, o que é considerado como luxo lá é o verde, a água potável, frutas, legumes e verduras. Isso me fez refletir sobre algo. Eles não têm espaço e condições para produção, mas ainda assim eles conseguem suprir e ter tudo o que precisam. Enquanto aqui no Brasil, temos uma infinidade de frutas, legumes, verduras, terras agricultáveis, contudo, não temos nada comparado à grandeza de Dubai.

É como se tivéssemos tudo e ao mesmo tempo não tivéssemos nada! Talvez o leitor tenha tudo o que lhe é necessário e pense que não tem nada. Seja grato pelo que hoje você tem e, aquilo que você não tem, encare como uma oportunidade de vislumbrar aquilo que você pode criar. Claro, não estou dizendo que o leitor precise, queira, ou vá construir uma ilha! Estou dizendo que aquilo que você não tem hoje você poderá ter amanhã se tiver fé, se tiver visão de futuro e de traçar planos para chegar no seu tão sonhado "alvo".

E você, quais são as coisas "impossíveis", que você buscará ter fé para fazer?

“A DIFERENÇA ENTRE O LOUCO E O GÊNIO É O RESULTADO. O LOUCO COM RESULTADO SE TORNA UM GÊNIO, ENQUANTO UM LOUCO SEM RESULTADO É SÓ UM LOUCO.”

JOÃO ADOLFO

CAPÍTULO 11

O MERCADO DE OURO

Gostaria de compartilhar um fato ocorrido nessa viagem que me marcou muito! Foi uma experiência totalmente diferente das visitas e atrações relatadas até agora.

Estávamos numa rua muito tradicional da cidade, conhecida como rua do mercado do ouro. Trata-se de uma rota turística predominantemente comercial. Uma rua com mais de 300 lojas e como o próprio nome sugere, muitas joalherias nas quais a predominância do metal utilizado nas joias é o ouro. Além de outros artigos como roupas, acessórios, tecidos e uma vasta gama de outros produtos.

Havia certo tempo em que eu estava desejando comprar um relógio e achei que aquela visita no mercado do ouro seria o momento ideal para adquirir um! Além de já almejar esse acessório, ele me seria uma ótima lembrança de uma viagem que estava sendo tão espetacular para mim. Então, sinalizei para a guia turística que eu gostaria de comprar um relógio. A minha intenção foi notificada ao nosso líder, Samuel Pereira. Num tom de surpresa e desapontamento ele me disse: "Não acredito que você quer comprar um relógio falsificado?! Não, eu não aceito isso pra sua vida!". Eu fiquei tão surpreso e deslocado com aquela exclamação de reprovação que fiquei sem reação, sem resposta diante daquela fala. E, tentando esconder a minha indignação eu respondi a ele: "Fique tranquilo, vamos apenas olhar um relógio". O meu incômodo ante àquela desaprovação se deu porque eu apenas havia dito que eu gostaria de comprar um relógio. Eu não havia especificado que tipo de relógio era, se original ou falsificado. Me senti reprovado por antecipação e em público, mas eu não abri minha boca para reclamar e procurei não demonstrar meu incômodo na minha feição. Procurei agir naturalmente.

O nosso "minipesadelo" só estava começando. A guia turística conversou com um outro guia que nos auxiliaria na missão de encontrarmos um relógio para mim. Esse outro rapaz nos prometeu levar em um bom local, com variedades e relógios bem interessantes para olharmos.

Seguimos o percurso com essa segunda pessoa. Ele nos guiou até uma viela bem estreita, tão estreita que quase seria necessário entrarmos de lado para conseguir passar. Lembro-me de que as paredes eram sujas, e eu estava inclusive tomando cuidado para não encostar nelas. O tamanho do meu incômodo começou a aumentar, pois, nesse percurso, não estávamos apenas eu e o Samuel.

Estávamos em um grupo de aproximadamente seis pessoas, e eu estava muito incomodado por arrastar todas aquelas pessoas conosco – por um trajeto nada agradável – apenas para satisfazer um desejo que era apenas meu, o de comprar um relógio. Nesse momento, eu já estava me sentindo extremamente irritado, porém, seguia em silêncio e me esforçando para não transparecer a minha irritação. Não permiti que as pessoas notassem o meu incômodo.

Enquanto caminhávamos, o guia nos fazia dobrar uma viela à esquerda, outra à direita, um verdadeiro labirinto! Passamos por lugares estreitos e muito sujos. Estávamos saindo das rotas com o padrão turístico de Dubai, que era marcado por beleza, riqueza e grandeza, rostos bonitos e atenciosos para lhe servir. Entrávamos em áreas que eu classifico como vilas de indianos e paquistaneses. Tinha um aspecto totalmente diferente do padrão que eu relatei ao caro leitor. Isso tudo estava nos trazendo uma grande sensação de medo, de insegurança por não fazer ideia do que aconteceria conosco naquela área da cidade. Estávamos muito fora das grandes e movimentadas ruas turísticas. A verdade é que afastados de todos os olhares, estávamos todos vulneráveis, e eu me sentia responsável por aquilo.

Os rostos típicos das pessoas naquela região já não eram tão amigáveis. Indianos e paquistaneses, vestiam-se igual, são fisicamente muito parecidos e ambos carregam a mesma expressão séria, com um olhar indecifrável. Não sabíamos o que esperar daqueles rostos tão sérios...

Para nossa surpresa, a jornada daquele segundo guia terminou e ele nos deixou aos cuidados de um indiano que estava parado, esperando, próximo a um prédio. Essa terceira pessoa nos conduziu até o prédio.

Estando nós já dentro do edifício, outra pessoa estava esperando diante do elevador. Esses homens, para nós, eram medonhos. Além da expressão séria, não amigável, não falavam uma única palavra em outro idioma que fosse familiar a nós. Só se comunicavam usando a língua materna deles... para nós era impossível de discernir qual era a intenção deles para conosco. Se era boa ou má. Ao entrarmos dentro do elevador, o rapaz – que eu não sabia se era indiano ou paquistanês – apenas apertou o botão do nosso andar de destino e ficou em silêncio, sem dizer uma única palavra. Naquele momento, nos olhávamos, também em silêncio, mantendo a comunicação apenas por troca de olhares. Era nítido e unânime, todos estávamos com medo! Subíamos muito, era quase a cobertura daquele prédio medonho. Que grande jornada apenas para olhar alguns relógios! Por fim, descemos do elevador e, adivinhe: uma outra pessoa estava ao lado de fora, nos esperando para guiar dentro da loja! Já era a quinta pessoa que estava nos guiando naquela estranha jornada.

Essa quinta pessoa nos conduziu loja adentro. Essa loja se parecia com um cofre! E quando todos os integrantes do grupo, um a um entrou, a porta se fechou atrás de nós. Um indiano com rosto cerrado e com braços cruzados nos recebeu. A comunicação entre olhares continuou, e olhando uns para os outros pensamos: "Vamos morrer aqui!". Pois sabíamos que estávamos longe dos olhos de todos, em uma área da cidade completamente inusitada... Éramos alvo fácil de um sequestro. Seria muito fácil fazer qualquer coisa conosco enquanto estávamos dentro daquela loja! O pânico tomou conta de cada um de nós, isso era bem perceptível! Ao mesmo tempo em que o nosso sentimento fosse de pavor, a loja em si tinha um ar engraçado. Ao olhar ao redor, estávamos cercados de bolsas, calçados e outros acessórios, todos das marcas mais conhecidas e caras! Marcas como Louis Vuitton, Gucci entre outras. Sabíamos que se tratavam de artigos falsificados e, mais uma vez, o Samuel me disse: "Se fosse você, eu não compraria um objeto falsificado". Aquela advertência entrou profundamente dentro de mim no formato de uma grande chateação. Porém, continuei com a mesma postura, sem dizer nenhuma palavra a respeito, e sem demonstrar nenhuma reação negativa em meu rosto – embora o Samuel provavelmente deva ter notado o meu desconforto reagindo com uma sequência de silêncios.

No minuto seguinte, a porta que havia sido fechada, foi aberta e de lá apareceu um homem portando duas grandes maletas cromadas. Ao colocá-las sobre a mesa, o responsável por elas apertou uma botão e as maletas se abriram diante de mim. Dentro delas estavam os tão esperados relógios! Lá estavam eles, todos lindos e brilhantes. Eu os olhava e tinha a sensação de que eles olhavam para mim de volta. Ao observar os lados, vi e notei a feição de desaprovação do Samuel. Então ele me disse a pior frase que eu poderia ouvir naquele momento: "Pode comprar, João, só você vai saber a verdade". Devolvi o olhar com um ar pesado de alguém que estava dividido, sem saber o que fazer! Por um lado, eu não queria comprar um produto falsificado. Por outro, me sentia um tolo e irresponsável por ter colocado todo o grupo naquela enrascada para, ao fim, sair de lá sem comprar nada! O que aqueles homens mal-encarados falariam, ou o que eles nos fariam se eu os dissesse que não queria comprar nada?! No meio daquela indecisão, o Samuel falou algo que foi crucial para a minha decisão final: "Quem é de verdade não gosta daquilo que é de mentira".

Aquela declaração ecoou tão forte dentro mim que, assim que tive a oportunidade, pedi para sairmos de lá sem comprar nada – ainda que isso pudesse representar algum perigo para nós.

Assim que descemos do prédio, pedi a qualquer pedestre indiano que encontrei que nos apontasse de volta o caminho para chegar na rua do mercado do ouro. Meu inglês era básico, além dessa limitação na língua, eu estava com as minhas emoções à flor da pele, tinha dificuldades de formular corretamente uma frase até mesmo em português! Por sorte, apenas em dizer "Gold Souk" os habitantes locais puderam compreender que queríamos ir até a rua do Mercado do Ouro. Então, pedindo ajuda a um e a outro cidadão local, conseguimos pegar o caminho de volta, enquanto pensava em nunca mais pedir para nenhum outro artigo de luxo!

Graças ao bom Deus, pudemos voltar em segurança e, ao contrário do esperado, não sofremos nenhum tipo de sequestro, assalto ou outro perigo do gênero!

Dubai é uma das cidades mais seguras do mundo. Os índices de criminalidade são muito baixos, pois a cidade conta com rigorosas leis impostas a criminosos, o que torna bem raro de se acontecer algum tipo de assalto.

Pudemos chegar bem e a salvo no nosso hotel. Durante todo aquele apavorado e ao mesmo tempo aliviado percurso de volta, fiquei com aquela declaração ecoando na minha memória "Quem é de verdade não gosta daquilo que é de mentira". Depois de já ter retornado ao hotel, com aquela frase ainda ecoando em minha mente, parei para refletir sobre tudo aquilo. No início, eu nem estava me dando conta se aqueles produtos comercializados nas imediações do "mercado de ouro" eram verdadeiros ou falsos. Eu só queria comprar o meu relógio. Porém, pensando bem, qualquer produto que eu trouxesse de Dubai se passaria facilmente como algo verdadeiro!

Aqueles relógios falsos que foram expostos nas maletas tinham um valor de mercado absurdo! De acordo com as marcas e modelos, poderíamos encontrar facilmente relógios com um valores próximos a um milhão de reais – caso fossem originais, claro.

Ao parar para avaliar, ponderei que um relógio em meu punho, com valor de um milhão de reais, não condizia com a minha realidade financeira – ainda que eu estivesse vivendo em um período de prosperidade. As pessoas que olhassem para aquele relógio notariam que ele não estava condizente com o meu padrão, e notariam que aquilo era de mentira. O pior é que eu mesmo sabia que aquele objeto brilhante em meu punho era uma mentira! Que não era um produto adquirido graças ao meu esforço e mérito.

Quando pude pensar sobre isso, senti que, apesar de ter perdido a oportunidade de comprar um objeto que era o meu sonho de consumo, reconheci que ter um relógio assim seria uma grande bobagem. Seria uma ostentação desnecessária e que associaria à minha imagem uma mensagem falsa ao meu público.

Apesar do grande susto vivido com essa experiência, eu ainda seguia com o desejo de comprar o meu desejado relógio. Em um outro dia, um outro momento, quando nos preparávamos para mais uma nova jornada empolgante em Dubai, fui surpreendido pelo Samuel. Enquanto o grupo se juntava, o Samuel retirou do próprio pulso o relógio dele e deu-o de presente a mim!

– Parabéns, João, pela sua atitude! Você conquistou esse relógio. Ele é meu, tem um grande significado para mim, mas você o merece pois agora sei que você é de verdade!

Quando o relógio me foi dado, ele tinha um valor de mercado de 28 mil reais! Aquela atitude do Samuel me marcou profundamente. Pudemos estreitar nossos laços e nos tornamos grandes amigos!

E olha que interessante: ali, cada vez mais, comecei a gostar de relógios. Começei a mirar para comprar um Rolex extremamente raro no mercado. Quero que acredite, quando achei, enchi os olhos, fiquei superfeliz: um relógio de grande valor agregado. O mais surpreendente foi quando veio algo forte no meu coração, de um jeito que não dava para explicar, que era para eu DOAR para o Samuel. Conversei com a esposa, tive que explicar que realmente eu ouvi Deus falar no meu coração que era para eu dar. Confesso: foi difícil para mim no início entender esse sentimento de algo que eu tanto queria para mim. Poucos meses depois, em um evento, preparei uma surpresa para Samuel. Diante de 2.500 pessoas, eu doei o Rolex a ele. Ah, se eu pudesse explicar a você, leitor, a minha felicidade. Sei que ele amou, mas quem não gostaria, né? Imagine você conseguir doar algo que você quer muito, isso fala muito sobre obediência, sobre ser de verdade.

“SUAS DECISÕES AO LONGO DO CAMINHO VÃO DETERMINAR SEU DESTINO FINAL.”

JOÃO ADOLFO

CAPÍTULO 12

MENTALIDADE DE SUCESSO

Confiar em si mesmo, ter fé em Deus para não desanimar no processo e não ouvir críticas foram as chaves do meu sucesso. Mas quero ressaltar estes aspectos neste capítulo, para que seja absorvido definitivamente em sua vida, após a leitura!

Quando dizemos "não ligue para as críticas" parece algo pequeno, mas acredite: o medo do julgamento alheio é um dos maiores impeditivos de conquistas.

Eu tenho acompanhado grandes homens e mulheres inteligentes, com muito potencial para alcançarem níveis maiores em suas vidas. Entretanto, estão sempre se policiando, com medo de se expor e acabam não ousando em suas profissões. É o famoso: "O que vão pensar de mim se eu gravar um vídeo ou fizer uma live? Vou fazer papel de ridículo... Vão me criticar!"

Esses pensamentos pairam na mente de todos que se lançam no empreendorismo digital e em qualquer outro segmento que seja novo. Porém, ficar paralisado pelo medo do julgamento é algo que não podemos permitir nunca!

Como disse anteriormente, as críticas pesadas que ouvi quando comecei no YouTube, eram dolorosas, claro! Mas se eu tivesse parado ao ouvi-las, jamais teria realizado os meus sonhos, e não viveria o que vivo hoje. Na verdade, aprendi que todos os que, corajosamente, se lançam a fazer algo inédito, sempre trarão incômodo aos que estão com a vida estagnada. Desses incomodados você pode esperar apenas isso: críticas.

Sendo assim, quantas experiências extraordinárias mais você quer perder por se preocupar em agradar aos outros?

Querer agradar aos outros e suprir as expectativas alheias, além de impossível não é justo consigo mesmo. Pois o seu sonho ninguém pode vivê-lo por você, não é mesmo? Ou alguém vai se preocupar em realizá-lo, em seu lugar? É inútil e absurdo viver com base no que os outros esperam de você. Isso é loucura!

Tenha coragem para ser e fazer o que você nasceu para fazer. Mova-se em direção a isso e não olhe para os lados!

Gostaria de aproveitar o assunto para compartilhar algo que, no início da minha trajetória, me atingia. Em um passado não muito distante, enquanto trabalhava na financeira, eu adorava tomar chimarrão, o que rendia risadas entre os colegas. "Lá vai ele com esse chimarrão de novo" – eles diziam.

Inicialmente, confesso que aquelas risadas me atingiram. Eu me perguntava se estava cometendo algum erro, se estava sendo visto como menos sério por conta daquela cuia de chimarrão na minha mão.

Com o tempo, algo incrível aconteceu. À medida que o tempo avançava, comecei a colher os frutos do meu esforço. Estava obtendo resultados surpreendentes na minha carreira.

Hoje, quando olho para trás, lembro daqueles momentos de risadas e chacotas como os primeiros capítulos de uma história de sucesso. A jornada que me levou de uma figura que era motivo de risada a um profissional bem-sucedido é o testemunho vivo de que não podemos baixar a cabeça, mas sim usar cada desaprovação como uma força que te impulsiona rumo ao sucesso.

Outro ponto importante está na ousadia de tentar e arriscar. Quanto da sua vida você vai perder até tomar as decisões ousadas que precisa?

Acredite, o maior arrependimento está naquilo que não fazemos! Porque se fazemos, ainda que cometendo erros, com eles nós podemos aprender algo e, na próxima tentativa, estaremos mais preparados.

Hoje, você pode ser apontado como um louco ou um exibicionista, amanhã você se torna referência, como alguém que ousou!

Em resumo, não tenha vergonha de iniciar algo novo. Não tenha medo de começar pequeno, ouvi uma frase assim: Quem Nasce Grande é Monstro. Não se incomode com as críticas que vieram de gente que está estagnada, que não está construindo nada. Persista no seu propósito, ainda que haja erros iniciais. Seja constante nas suas ações para sair da estagnação.

Se você não pode voar, corra. Se não pode correr, caminhe. Se não pode caminhar, então se rasteje. De qualquer modo, siga em frente. Não tenha medo e nem despreze os pequenos começos. Confie no seu próprio taco! Não tenha medo de mostrar ao mundo aquilo em que você é muito bom fazendo. Muitos têm o real medo de voar alto, pois os pássaros presos na gaiola têm certeza de que voar é uma doença, que voar é ruim, mesmo quando a portinha está aberta eles não saem, agora imagine quantas vezes essa portinha se abriu para você?

Você não sabe o quão forte você é até que a única opção seja ser forte! O sucesso, para acontecer, precisa ser acompanhado de uma mente forte. E, para contribuir na construção dessa mentalidade, gostaria de finalizar este capítulo compartilhando com o leitor sete coisas que pessoas mentalmente fortes fazem.

1. Seguem em frente e não perdem tempo sentindo pena de si mesmas.
2. Abraçam a mudança e não fogem dos desafios.
3. Não perdem seu precioso tempo falando mal dos outros.
4. Não deixam de realizar seus sonhos por medo do que os outros vão dizer.
5. Alegram-se com o sucesso dos outros.
6. Não têm medo de defender o que acreditam.
7. São chamados de loucos por acreditarem em seus sonhos.

CAPÍTULO 13

VIDA ABUNDANTE

Ao longo das próximas páginas, exploraremos diversos temas fundamentais, desde o entendimento da sua situação financeira atual até estratégias para sair das dívidas, que atrasam a sua chegada no próximo nível. Minha intenção neste capítulo, será de incentivá-lo a ter uma consciência próspera para prosperar de fato. Mas é necessário empenho, comprometimento e disposição para colocar em prática o conhecimento adquirido, neste livro, combinado?

Após esse compromisso assumido, vamos embarcar em uma jornada extraordinária em busca da riqueza e da felicidade de forma consciente e responsável.

Quando somos negligentes com nossas finanças, atrapalhamos todas as áreas de nossa vida e prejudicamos, e muito, nosso futuro!

Se chegamos ao ponto de obter empréstimos, pergunte-se a origem da necessidade, é para construir o meu futuro ou para futilidades?

Saber disso faz muita diferença, pois se a resposta for para construir seu futuro, maravilha! Porém, a escolha em fazer por futilidades arruinará seu controle financeiro.

Vou citar algumas boas razões para empréstimos, exemplos:

- Reforma no seu negócio.
- Melhorias na sua casa.
- Investimento em conhecimento.
- Estudos dos filhos.
- Equipamentos ou ferramentas para melhorar o trabalho.

Nesses casos, ajuda muito, pois agregará em coisas que te impulsionarão para a frente, mas há outras alternativas que não deveriam ser motivos para recorrer a esses produtos. Um grande exemplo é para compras de vestuários, calçados e itens que, muitas vezes, nem são necessários. Em muitas ocasiões esses itens são comprados apenas para satisfazer uma carência emocional momentânea, ou um desejo de parecer bem-sucedido para os outros. Isso faz parecer abundância, mas na verdade é uma cilada.

Há muitas pessoas perdidas em outros produtos financeiros aos quais deveriam ser contratados com cautela, como: cartões de crédito e cheque especial.

Os cartões podem ser úteis para se acumular milhas e pontos que são revertidos em benefícios, mas não é por isso que deva ser utilizado para compras dispensáveis. Às vezes com o programa de benefícios e promessas de vantagens, os gastos são feitos desenfreadamente. Esteja atento às datas de vencimento. Reforçando o que todos já sabem, nunca utilizem o pagamento mínimo do cartão.

Para ver seus recursos sobrando em sua conta, organize-se para ter múltiplas rendas, não conte apenas com o seu salário. Busque outra atividade complementar que você possa ter uma outra opção de remuneração. Se amanhã ou depois, você perder o seu emprego, tendo uma segunda renda, você não estará em apuros.

Além disso, quero lembrá-lo da importância de cuidar da sua saúde física e emocional, lembre-se: saúde não é tudo, porém o tudo torna-se nada se lhe faltar a saúde. Em outras palavras, cuide-se. Você precisa estar bem, ter energia, força e disposição para perseguir os seus alvos. Esteja atento à sua qualidade de sono e de descanso, cuidados com a memória e estimulação mental. Desenvolva o hábito de praticar alguma atividade física, tenha isso como parte integrante da sua rotina. Isso é fundamental para quem quer ter longevidade e um futuro sadio a fim de que você possa desfrutar daquilo que conquistou com tanto empenho.

Ao seguir este mapa que estamos traçando juntos, tenho plena confiança de que você se encontrará em um caminho de prosperidade financeira e equilíbrio emocional. Imagine-se livre das dívidas que tanto o atormentam, sentindo a satisfação de ter suas contas em dia e de ter dinheiro e podendo fazer planos para a realização dos seus sonhos. Visualize-se desfrutando de uma vida tranquila e confortável, com a segurança de que você tomou as melhores decisões para seu futuro. Este é o momento de mudança, de transformação e de crescimento. Acredite no seu potencial, na sua capacidade de alcançar a tão lmejada liberdade financeira, liberdade geográfica e na certeza da fé inabalável de viver uma vida plena e feliz.

“VOCÊ NÃO VAI ACERTAR TODAS AS VEZES. MAS SER CONSTANTE TE FARÁ ACERTAR MAIS.”

JOÃO ADOLFO

“SE VOCÊ NÃO SENTAR PARA APRENDER, NUNCA VAI SE LEVANTAR PARA ENSINAR.”

JOÃO ADOLFO

CAPÍTULO 14

CONQUISTANDO SEU MILHÃO

ACREDITAR QUE É CAPAZ

Falamos sobre a importância de deixar de lado as opiniões externas e ter autoconfiança. Vamos entender bem agora o que é autoconfiança, já que é muito diferente de confiança. Autoconfiança é o que você vê e sente sobre si mesmo, confiança é o ambiente externo, o que as pessoas veem em você, o quanto você desperta confiança nas pessoas. Neste capítulo, quero me aprofundar para que entenda que há um perfil padrão entre as pessoas que alcançam o sucesso em seus negócios.

E que você pode adquirir, caso não seja nato em você.

Não peça opiniões de pessoas que não estejam construindo nada. Não terceirize a responsabilidade de construir o seu futuro! É imprescindível que deixe o velho hábito de perguntar às pessoas a opinião delas para iniciar seu projeto ou para uma tomada de decisão.

Esse fator é limitante, pois, comumente, as pessoas nos aconselham com base na suas visões de mundo, ou seja, de acordo com suas vivências, seus traumas, medos, vulnerabilidades e com a maneira que elas enxergam que seja o caminho que trará maior estabilidade. E isso é uma visão particular e específica, é como uma luva que cabe nelas, mas que não cabe em você.

Em vez de basear-se em opiniões, coloque na balança o que você pode ganhar se executar o projeto que idealiza.

Nossos familiares e amigos podem, sem perceber, nos fazer parar e interferir no curso de nossa trajetória, se assim permitirmos. Não dê o poder de escolha de sua vida a outras pessoas.

É muito comum encontrar com pessoas frustradas por passarem a vida ouvindo conselhos e abandonando projetos. Consequentemente, por estarem arrependidas de não viverem seus sonhos, culpam os outros. Mas, afinal, como culpar alguém pelo meu fracasso se quem deu a permissão de escolha foi eu mesmo?

Claro, que as pessoas que nos cercam – como nossos familiares, por exemplo – querem nosso bem e, por isso nos desestimulam a inovar nossas ações, com o intuito de nos proteger de uma frustração, um fracasso, enfim. Porém, cabe a nós sabermos filtrar de quem são esses conselhos.

COMO É POSSÍVEL ENRIQUECER COM O YOUTUBE? QUAL O SEGREDO PARA O SUCESSO?

É claro que todos nós queremos ganhar dinheiro com o nosso trabalho, e usar o YouTube para falar sobre o assunto que dominamos é uma ótima opção para começar. Contudo, preciso pontuar ao leitor algumas coisas importantes. O YouTube é uma plataforma de conteúdo. Então, se você não gosta do que faz, provavelmente você não se dedicará o suficiente para produzir e acabará desistindo. Logo, o meu conselho é: pense nas suas paixões, hobby ou interesses. Qual tema te faria passar horas estudando sobre ou praticando? Pois bem, comece por aí!

Se você deseja começar do jeito mais fácil e ganhar dinheiro fácil, provavelmente você vai acabar produzindo um conteúdo genérico, repetitivo e que não agrada ninguém. O segredo é encontrar naquilo que você gosta de fazer uma forma criativa de criar conteúdo. Ou seja, um nicho que você goste e que tenha um potencial para viralizar e monetizar. Para descobrir esse nicho, esteja atento aos seguintes conselhos.

- Pesquise o mercado. O que está em alta que mais tem a ver comigo? Quais os nichos agregam um grande público-alvo?

- Comece pequeno. Não queira fazer como o pato, que nada, anda e voa, mas faz tudo de maneira medíocre.

SE AFASTE DAS PESSOAS NEGATIVAS

Para reforçar, quero que busque em sua mente, pessoas em seu convívio que não prosperam, em nenhuma área de suas vidas, e que têm o hábito de reclamar constantemente. Agora, tente perceber como aos poucos elas acabam contagiando aos que estão próximos. Mantenha o pensamento nessas pessoas. Esse simples exercício mental de reconhecimento torna mais fácil a grande tarefa que você terá pela frente de definir quem poderá agregar ou atrapalhar o seu processo de conquista dos seus sonhos.

Isso lhe acenderá um alerta, sinalizando a você em não compartilhar com essas pessoas seus novos projetos, a fim de que não te façam perder o ritmo e entrar no mesmo vício de inércia em que elas estão.

Procure se influenciar por pessoas que alcançaram o que você sonha. Assim, como está fazendo agora, lendo este livro! Procure ler e consumir conteúdo, apenas de quem agregue e já tenha trilhado o caminho que você está sonhando. Elas, sim, terão conselhos válidos, que potencializaram sua capacidade e ainda te farão evitar aquilo que te atrapalha a realizar seus sonhos. Poupando assim muitos erros que essas pessoas já tiveram em sua caminhada.

Aprendi também na minha jornada uma lição valiosa a respeito de buscar um rumo e fazer escolhas. Aprendi que são as nossas decisões ao longo do caminho que vão determinar a nossa chegada no destino final. Quando assumimos essas decisões, inevitavelmente precisamos renunciar alguns hábitos e incorporar outros no lugar. Compartilho com o leitor algumas decisões que te farão mais rico.

- Invista com um objetivo em mente.
- Não tenha dó de gastar para obter mais conhecimento. Lembre-se: mais conhecimento = mais dinheiro.
- Crie sua própria riqueza a partir daquilo que você faz de melhor.
- Ande com pessoas que você admira, você é um reflexo de quem você anda junto.
- Se conecte com pessoas que já atingiram os objetivos que você deseja para si.
- Tenha o hábito de ler e estudar continuamente;
- Use seu tempo discutindo sobre ideias e não sobre pessoas.
- Tenham uma rotina produtiva.
- Procure este atalho, em vez de ir fazendo mais do mesmo. Se concentre em seguir essas instruções para o sucesso nos negócios de quem já teve êxito em fazê-los.

Me recordo em um dos meus eventos de mastermind, que eu participei como aluno. Foi solicitado pelo anfitrião que fizéssemos um quadro de desejos ou sonhos que, na verdade, era um cartaz. Ele nos orientou que manifestássemos esses desejos com fé colocando imagens que pudessem representá-los. E assim eu fiz. Com isso tínhamos que deixar em algum lugar que pudesse ser visto diariamente, em casa ou no escritório.

Os anos foram passando e eu fui, habitualmente, visualizando todas as cenas em minha mente com ricos detalhes, imaginando como se cada uma delas já fossem realidade.

Coloquei a fé em Deus de que seria possível materializar todos aqueles sonhos. Para minha surpresa, todos os sonhos que estavam naquele cartaz se realizaram.

Termino esta obra dizendo ao leitor: creia em si mesmo! Se eu consegui realizar todos os sonhos desenhados naquele papel, você também poderá realizar os seus. Seja persistente em não desistir dos seus projetos. Use a causa que você tem, com a expertise que você tem, nas condições que hoje você tem.

Eu segui todos os passos necessários para conquistar o que tenho hoje. Olho para trás e percebo que todos esses passos foram importantes para a construção do meu caminho de sucesso. Sempre tive humildade para aprender e ser mentoreado.

Hoje, orgulho-me em dizer que criei um método próprio, o "Segredos Milionários do YouTube – SMY", pelo qual ajudo centenas de pessoas que querem ter uma trajetória de sucesso na plataforma e na vida, pois nunca será só YouTube e você entendeu bastante coisa já no livro.

Agora tenho como missão também ministrar treinamentos presencias decretar e selar o seu compromisso com o seu protagonismo.

São centenas de pessoas que alavancaram suas carreiras com conselhos exclusivos para aumentar o seu engajamento no digital. E eu me vejo em cada uma dessas pessoas. Lá no início, gostaria que alguém tivesse me ajudado a crescer de forma rápida.

Mas, trilhei meu caminho com base em tentativas e erros. Hoje fico muito feliz em poder ajudar outras pessoas que, muitas vezes, sentem-se perdidas em como atingir seu público-alvo. E digo, com toda a certeza, de que não tenho medo de repassar meu conhecimento a outros, pelo contrário, quero que cada vez mais pessoas alcancem a prosperidade assim como eu, e orgulho-me que tantas pessoas me vejam como um exemplo e queiram aprender comigo.

“O VERDADEIRO LÍDER TEM A CAPACIDADE DE TORNAR OS OUTROS FORTES.”

Não se envergonhe do seu começo, ele é só o princípio de um jogo que, claramente, você pode virar! Não se envergonhe da sua história, muito menos em tentar iniciar algo novo em sua vida. Se não você rir do seu começo é porque começou tarde, e entenda a diferença imensurável entre tarde e tarde demais... reflita. Não tenha medo do ridículo, quem tem medo do rídiculo não vive o extraordinário. Tenha medo apenas de deixar o tempo passar demais e chegar o arrependimento por não viver tudo aquilo que você queria viver. Trace o seu plano e empenhe-se a cumpri-lo. Se esforce para isso. Alcançar o sucesso dá trabalho, mas também dá trabalho permanecer na pobreza, fazendo várias manobras para se livrar das dívidas. A vida é cheia de situações difíceis, mas você pode "escolher o difícil" que você quer enfrentar. Em vez de lidar com o difícil para sobrevivência, decida hoje escolher o difícil que vai te levar para mais perto do seu milhão. Qual você escolhe?

Tenho certeza de que muitos insights foram despertados! Quero encerrar dizendo que seu fim será melhor que o começo, pois agora você já sabe que o livro da vida se escreve no hoje, e o amanhã a Deus pertence. No último dia de sua vida o que vai querer ter feito? Muito, né? Pelo seu *por quem* e pelo seu *por quê*! Não desista nunca! Se for para desistir, desista de ser fraco. Você merece uma vida abundante! Conte comigo para a nova fase na sua vida e até breve!

"A NOSSA RECOMPENSA ESTÁ NO ESFORÇO, NÃO NO RESULTADO. UM ESFORÇO TOTAL É UMA VITÓRIA COMPLETA."

JOÃO ADOLFO